やさしい密教

――「川崎大師だより」より――

吉田宏晢

作品社

［恩師の出版を祝して］

——一人でも多くの密教や弘法大師の教えに関心を寄せる方々に

この度、真言宗智山派宥勝寺住職、大正大学名誉教授吉田宏晳先生には『やさしい密教』のご出版、心よりお慶び申し上げます。

さて、私ども川崎大師平間寺には昭和四七年（一九七二）、弘法大師ご誕生千二百年讃仰記念事業の一環として設立された「川崎大師教学研究所」がございます。先生には草創期の昭和五五年（一九八〇）より専門員、教授、現在は相談役として参画いただき、爾来、その高い見識をもって弘法大師教学の振興と檀信徒教化・善導にお力添えを頂いております。

また当山には昭和三六年（一九六一）発刊以来、檀信徒に向けて毎月発行している教化広報誌「川崎大師だより」がございます。本誌には毎月「川崎大師教学研究所」の先生方にご寄稿頂いており、この度のご出版は、本誌にご寄稿いただいた先生の数々の玉稿の中から密教、なかんずく弘法大師の教えについて編集されたものであります。

先生は「後書」の中で「密教とはこの一大統合仏教のことなのです。従ってこれを「やさしく」説くということは至難の業でもあります」と述べられておりますが、本書には仏教思想はもとより西洋思想にも造詣深く、その広く高い学識とその実践を兼ね備えられている先生ならではの論攷が収められております。一人でも多くの密教や弘法大師の教えに関心を寄せる方々にご一読をお勧めいたします。

また、私事ではありますが、先生は大正大学の研究室で親しくご指導を頂いて以来、今日に至るまで公私ともに大変お世話になっている文字通りの恩師であります。

先生にはいよいよご法体ご健勝にてお過ごしなされますとともに、今後とも相も変らぬご厚誼、ご教導を賜りますようお願い申し上げお祝いの辞といたします。

大本山川崎大師平間寺　貫首　藤田隆乗

［前書］――人生は四苦八苦である

「商売がうまくいかないで四苦八苦している」とか、「大学受験がうまくいかず四苦八苦している」などという話をよく耳にします。

なにかとても辛い状況や、何度も挑戦しているがうまくいかない様子を表現するときに、四苦八苦という言葉はよく使われているようです。しかし、それでは四苦八苦とはどういう意味で、四つの苦とか八つの苦とは何と何か、と聞かれてもすぐには答えられないのではないでしょうか。

ましてや「人生は四苦八苦だ」などといわれると、「そんなことはない。人生には楽しいこともいっぱいある」と反論されるかたもいるでしょう。

じつは「人生は四苦八苦だ」といった最初の人が、仏教の開祖のお釈迦様です。そう聞くと仏教はニヒリズムだとか、ペシミズムだと思われてしまうかもしれません。

そもそも四苦八苦の苦とは「思い通りにならない」という意味です。四苦とは、人生における四つの思い通りにならないことを指し、それは「生まれる、年を取る、病気になる、死ぬ」ことだとされます。そういわれると、誰しもその通りだと頷くでしょう。

さらにあと四つ思い通りにならないことがあり、それは「愛する者と別れること（**愛別**《あいべつ》**離苦**《りく》）、恨み憎みに思う者に出会う（**怨憎会苦**《おんぞうえく》）、人生は全て求めることで成り立っているが、求めたものを必ずしも得られないこと（**求不得苦**《ぐふとくく》）、心と体が丈夫であれば幸せだと思うが、食欲や性欲を満たされなければむしろ苦痛を感じること（**五蘊盛苦**《ごうんじょうく》）」です。

四苦八苦が以上のごときものだといわれると、誰しも素直にこれを認めざるを得ないでしょう。

お釈迦様は青年時代に老人、病人、死者を見て、いずれ自分がそうなるのだと知って、この問題を解決するために城を出て難行苦行の生活に入りました。六年間の苦行ののち、三十五歳で悟りを開き、説法利生の活動に入ったのです。そしてその最初の説法が四諦（四つの真理）です。

その第一の真理が前述の「人生は四苦八苦である」でした。第二の真理は「その苦には原因の集まりがある」という真理。第三の真理は「苦の原因の集まりがなくなれば苦はなくなる」という真理。第四は「苦の原因の集まりをなくす方法」という真理です。

このうち第三の真理の境地は涅槃といわれますが、これは別の言葉でいえば、一切の苦が無くなることで得る大安楽の境地であり、一切の思い通りにならないことが無くなることで得る大自在の境地です。これをさらに別の言葉でいえば輪廻転生からの解放（**解脱涅**《げだつね》**槃**《はん》）です。

これを病苦とその原因と、原因の除去による安楽と原因を除去する方法というたとえで示せば、腹痛（苦）の原因は直接的なもの（胃癌か胃潰瘍か食当たりなど）と間接的なもの（不摂生やストレスや腐ったものを食べた）と、無知（不摂生やストレスを溜めたりすると胃癌や胃潰瘍になることを知らない）、などの原因の集まり〈集諦〉であり、その原因の集まりを無くして快癒すれば安楽で自由自在に活動できるということになるのです。

それでは四苦八苦の原因の集まりは何かということになりますが、その後の仏教の歴史の中で指摘されてきたことによると、直接的な原因は我執であり、間接的な原因は法執であり、無知に対応するのが無明であるとされています。そして、無知は知識によって無くなるが、無明は知識によってではなく、仏陀の悟りの智慧によって無くなると考えられています。

そこで、その悟りの智慧は如何にして得られるかを示すことがその後の仏教の歴史であったともいえます。弘法大師空海は、その悟りの智慧を得る方法と、悟りの智慧の世界を、**三密瑜伽行**《さんみつゆがぎょう》と**曼荼羅**《まんだら》によって開示し、秘密荘厳の世界を平安時代の社会に現出しました。

それを現出することを可能にしたのは、桓武・平城・嵯峨・淳和という歴代の天皇を始めとする朝廷の力であり、真言密教を信仰する信徒たちの後援でした。日本における密教はここからはじまっています。

『やさしい密教』というテーマで「川崎大師だより」に掲載された論攷を順番を変えて、解説を付加したりして世に問うことが出来ました。

「やさしい密教」というタイトルですが、これは、密教を〝易しく〟教えるという意味と、仏教の教えは〝優しい〟を掛けてもいます。この出版を快諾していただいた川崎大師平間寺の藤田隆乗ご貫首猊下と、掲載原稿を全てデータとして打ち出してくださった川崎大師教学研究所の佐竹隆信師並びに研究所の皆さん、並びにこの本の構想と構成を組み立ててくださった作品社の福田隆雄氏に心よりお礼申し上げます。

南無大師遍照金剛

目次

序

南無大師遍照金剛

それは、何十年ほど前の、ある寒い冬の明け方でした。

知人の家のベッドに寝ていたわたしは、身体が地面の底に吸いこまれるような感じがして、ふと眼をさましました。

部屋の中は薄暗く、全体が白っぽくて何だか水の底にいるような気持がし、冷えが足の先からだんだん身体の上の方へのぼってきます。思わず心臓へ手をあててみると、鼓動がぜんぜん聞こえない、いや、聞こえるもののそれが実に微弱で、しかも一分間に一度打っているかどうか、という有様です。

これは大変だと思うと同時に、死ぬのではないかという恐怖がどっと襲ってきました。死の恐怖感のためにそうなったのか、それとも身体がそうなったから死の恐怖感に襲われたのか、それはわかりません。とにかく呼吸は苦しくなってきます。

恐怖のためにあぶら汗が出てくる。足は死体のように冷たく、その冷たさが、もう太もから腰のあたりまできています。この冷たさが心臓までくれば、もうおしまいだ、とどこかでささやく声がします。

わたしは、なんとしても死にたくない、と思いました。

その時わたしはまだ二十代の後半で、それまでの人生は、夢の中で生きていたようなものでした。人間としてやらなければならないことは、まだ山ほど残っています。何をやらなければならないか、それはわかりませんでしたが、自分が死に直面したとたんに、なにかもの凄く多くのやらなければならないことがあるように感じ、それと同時に、死はそんな希望も、未練もすべて断念せしめる力をもって、眼前に迫っていました。

実際のところ、わたしはそれまで神さまや仏さまのことを考えたことがありませんでした。

しかし、死ということに対して、自分がまったく無力であり、今、此処で自分はもう死ぬのだと感じた時、わたしはわたしの知っているかぎりの神さま、仏さまに向って「助けて下さい。助けて下されば何でもいたします」と、お願いしていたのです。

今から考えると、なんとも手前勝手というか、破廉恥というか、お恥ずかしい次第です。しかし、わたしは考えるのですが、仏の大慈悲というものは、そんなわたしの手前勝手、破廉恥をも見捨てることなく、黙って救いとるほど広大なのです。

そもそも、わたしが死に直面した時、仏の名を呼ぶことが出来たということからして、幸せであると思います。わたしは死に直面して、すべてを断念しましたが、その時、わたしは仏を呼びました。しかし、わたしの身体も、心も、希望も、未練さえも断念した者が、どうして仏を呼ぶことが出来るのでしょうか。わたしは、その時仏を呼んだのは、実はわたしではなくて、仏がわたしをしてその名を呼ばしめたのだ、と思っています。何故なら、わたしはもはや、わたし自身を断念してしまっていたのですから。わたしは自分を捨てたのです。いいかえれば、自分が自分だけで生きているように思っていた傲慢な錯覚が、死という事実の前で、粉々にくだけ散ったのです。

何分後であるか、何時間後であるか知りません。尾籠な話ですが、わたしは階下のトイレの中で気がつきました。何故わたしはそんなところまで這っていったのか、皆目見当がつきません。けれども、何かがわたしをそこまで運んだのだと思います。

知人の家族は、まだ寝静まっていました。遠くで電車の走る音がし、夜はほぼ明けていました。

そのような経験があった後、仏はわたしにとって、決して疎遠なものではなくなってしまいました。わたしは、いわば一度死んだのです。そして死にかけた時、仏を呼んでいたということが、頭から離れませんでした。

しかし、前述したように、それは、わたしが仏を呼んだのではなく、仏がわたしをして呼ばしめたのだと気がついたのは、あの経験の後、わたしが仏教の勉強をはじめて何年か経ってからです。

わたしは、それまで大学の西洋哲学科に籍をおいていましたが、そこを中退し、大正大学の仏教学部仏教学研究科（真言学コース）で、釈尊の教え、弘法大師の教えを学びました。

わたしがいままで学んでいた哲学は、いわば学問の中の学問でした。あるいは学問の王様といってもよいでしょう。しかし、その哲学は、わたしの死という場面において、何の役にも立たなかったのです。ですから、わたしは、死という場面における哲学の限界を知ったのです。哲学は結局、自我の中から抜け出せない故に、死が哲学の限界なのです。わたしの場合、西洋哲学の限界を知ったからといって、キリスト教の神を信ずるということにはなりませんでした。それは、キリスト教の神は、西洋哲学的思考からいえば独断であり、又、キリスト教神学は西洋哲学との対決を通じて形成されたものだったからです。即ちその対決は、哲学の合理的精神に対して非合理的精神、哲学の知に対して信を対立させるものでした。わたしが哲学を選んだのは、この非合理的信を選べなかったからです。だから、哲学を捨てたからといって、それ以前に捨てていたキリスト教の神を選べるはずがありません。

仏教を学んで、わたしは、仏の教えの中心は無我であり、しかもこの仏の教えは、西洋哲学的な合理的精神も、キリスト教の信も、すべてその中に包みこんでしまうほど、広大無辺であるということを知りました。

弘法大師は、この仏の教えを、あますところなく体現し、我が国に真言宗を開宗せられたのです。釈尊の無我ということが、説かれているのは『**即身成仏義**』という御作であり、すべての思想、宗教を包みこんでしまう、広大無辺な仏の教えが説かれているのは『**秘密**《ひみつ》**曼荼羅十住心論**《まんだらじゅうじゅうしんろん》』という御作であることがわかりました。

わたしは、自分が死に直面するという体験をもったおかげで、仏の教えに耳を傾けるようになりました。そして、この仏の教えを体現せられた我が国の弘法大師に、かぎりない尊崇の念をいだくようになりました。そして今、さいわいにもその教えを研究し、その教えを語る機会を与えられて、生かしていただいています。

しかし考えてみると、死というものはわたしだけが直面した事実ではなく、実はすべての人が必ずその前に立たされる事実です。自分の死に直面しなくても、愛する人々、見知らぬ人々の死を、われわれは常に見聞きしています。そして、実にこの死という事実は、われわれが決して自分自身によって生きているのではない、ということを教えてくれるのです。

つまり、死ということによって、われわれはわれわれの生のあり方を痛切に知るのです。即ち、われわれの生は、それ自身に依ってあるのではなく、他に依ってある、他によって生かされてあるのだということを。何故なら、もし生がそれ自身によってあるなら、それは滅することはないであろうからです。

そして、実に、この生かされているわたしという事実を教えて下さるのが、仏であり、**遍照金剛**《へんしょうこんごう》であるから、わたしは仏によって、遍照金剛によって生きているのです。わたしが遍照金剛にすべてをおまかせするのは、もともとわたしはわたしのものではなかったからです。おまかせするとは、帰命するということです。もともと自分のものではなかった命を、お返しするということです。本来の命に帰るということです。帰命とは南無ですから、「南無大師遍照金剛」とお唱えすることは、わたしが、わたしの真実の姿に立ち返ったということです。わたしという我執、妄執が失くなって、清らかな信心のみが湧きおこす歓喜が、全身に満ちてくるということです。

また、わたしの全心身をあげてお大師さまに帰依するとは、わたしの全心身をあげてお大師さまの生き方に倣うということにほかならないでしょう。それ故、このように考えるとき、わたしは南無大師遍照金剛とお唱えする喜びに生き、又、南無大師遍照金剛とお唱えするたびに、お大師さまの生き方に一歩でも近づいていきたいと願うのです。

南無大師遍照金剛

第一章　お大師さまの教えに学ぶ

一年のうち初詣でだけで、済ますのではなく

正月に特定の神社・仏閣に何千万人もの人がお詣《まい》りに来るなどということは、日本以外の国では、聞いたことも見たこともありません。しかもお祭り騒ぎというのではなく、清々しいあらたまった気持で祈るという日本的な、日本人的な宗教行事であるといえます。

ただ、お盆やお彼岸と違って、神社への参詣が多いようです。

また、一つの神社やお寺だけでなく、いくつもの神社や寺院にお詣りする習慣もあります。ですから、初詣でというのは、どんな神さまや仏さまが祀られているかよりも、とにかくお詣りに出掛けること、そこで一年の開運と厄除けとをお願いすることが重要だと考えられているようです。

初詣では一般に神社が多いと書きましたが、ここに例外があります。それは毎年、全国で参詣人の数が二位と三位に入っている成田山新勝寺と川崎大師です。実はこの二つの寺院は、いずれも真言宗智山派という弘法大師の開宗された真言宗の一派に属しています。ですから、両方とも真言密教の寺院です。

しかし、この真言密教とは何でしょうか。

真言密教はなぜ開運厄除けに御利益があるのか、あるいは、そもそも開運・厄除けとはどういうことか、それはわたしたちの一生の生き方とどのようにかかわっているのか、等について、お大師さまの教えからやさしく学んでいきたいと思います。

実は、こんなことを書こうと思いましたのは、折角みなさんに御参拝いただいたのですから、一人でも多くの人が本当に幸運を掴み、また厄難を逃れて頂きたいからです。そしてそのためには、一年のうち一日だけ初詣でに出かけて済ますのではなく、その初詣での気持で毎日を過ごすことと、もう一つは、皆さん一人一人の勉強が大切だと思います。

真言宗智山派管長の小峰順誉大僧正猊下（当時）がいわれた新年のおことばの中に、「正月だから心があらたまるのか、心があらたまるから正月なのか。心がいつもあらたまっていれば、いつも正月ではないか」という一節がございました。

これは、大変味わい深い言葉です。

心の時代といわれる現代は、このお言葉の意味を充分かみしめて毎日の生活を充実したもの、新鮮なもの、喜び溢れるものにしていかなければなりません。そしてそれには、ただ初詣でに出かけるだけで終ってしまうのではなく、初詣での心、お大師さまの教えの心を学んでいく、教えを学ぶことによってお大師さまの心をわたしども一人一人の心としていく。このことが大切であろうかと存じます。

けれども、みなさん御存じのように、お大師さまは千二百年以上も前にお生れになった方で、教えを説かれた御著作も全部漢文で書かれています。また、わたしどもが想像もつかないような御修行をされ、あるいはインドから中国へと伝来した多数の仏典、さらには儒教や道教や中国文学の書物に至るまで、無数の書物を渉猟してその思想・宗教というものを形成されたのです。ですから、これを専門家以外の人たちが読んでもなかなかその意味が掴めません。

弘法大師一千百五十年御遠忌の奉修事業として、真言宗智山派を中心とした各界の学者が、現代語訳の『弘法大師 空海全集』を筑摩書房より発刊されています。これはまことに素晴らしい世紀の大事業で、これによってお大師さまの教えが広く人々に理解される重要なきっかけとなりました。

しかしながら、現代語訳の『弘法大師 空海全集』を読んでも、わからないところが沢山あるのです。

というのは、お大師さまがお書きになった世界は、普通の人が体験したことがない、お大師さま御自身の体験の世界だからです。これはたとえば、どんなにやさしい言葉で書いてあっても、体験したことのない世界のことは、読んでもわからないのと同じです。

アメリカへ行ったことのない人が、アメリカ旅行記を読んでもぴんとこないのです。それよりか、実際にそこへ行ってしまえばよくわかる。「百聞は一見にしかず」です。もう一つの方法は、たとえで話すことです。つまり、アメリカのフロリダ海水浴場はどんなところかを、そこへ行ったことのない人にわかってもらうためには、その人が行った海水浴場、たとえば江の島の海水浴場の話をして、フロリダは江の島よりももっと広くて、水がきれいだとか、沖合に島はないとか、と説明する。これによって江の島海水浴場へ行ったことのある人は、なるほどフロリダ海水浴場とはそんなところかと想像し、「そこへ行って見たいなあ」とか、「どうしたらそこへ行けるのか、旅行会社はどこがよくて、費用はどの位かかるか」などと、考えることになるわけです。

ただこの人の場合は、江の島海水浴場へ行ったことがありますから、説明は比較的簡単です。けれども、埼玉県や群馬県、山梨県など海のない地域の子供、まだ海を見たことのない子に、フロリダ海水浴場を説明して、わかってもらうのは大変です。海を見たことがないのですから、湖でたとえたりすることになるでしょうし、あるいは絵に描いて説明したり、写真を見せたりすることになるでしょう。

それよりも一度、どこかの海水浴場へ直接つれていった方が、ずっと早いわけです。しかし、連れていってもらえない場合は、自分で行くしか仕方がありません。

そこで、「自分で行くにはどうしたらよいか」。これをお話ししてみたいと思います。

この場合、行くのはフロリダや江の島の海ではありません。お大師さまの行かれた真言密教の世界です。我々はこの真言密教の世界にいかにしたら行けるのか、その世界はどのようなものか、この真言密教と初詣でとは、どのような関係があるのか、などについて、できるだけ易しく説いてみます。

現世利益と永遠の生命

お大師さまの教えの根本は、**現世利益の重視と、永遠の生命の獲得**です。

お大師さまは、この二つの事柄を決して別々にして考えられてはおりません。ふつうの人は、大体この二つの事柄は別なことだと考えています。特に来世主義の宗教家は、現世を捨てて、来世の極楽や天国へ行くことが永遠の生命を獲得するのである、と主張しています。またこのような宗教家のいうことを信じない現世主義の人たちは、現世における欲望の満足がすべてであり、来世とか永遠の生命とかは、絵空事だと考えています。

来世主義の人は現世を否定し、現世主義の人は来世を否定している。前者は来世こそ真実の世界であると信ずるから、現世は虚偽になり、後者は現世こそ真実であると強弁するからこそ、来世は無だと主張するのです。

両者は、現世と来世とを死という境によって隔てられた絶対に異なる世界であると考えています。

ところが、お大師さまが『即身成仏義』という書物で書かれた、**即身成仏**《そくしんじょうぶつ》という言葉で、この二つの事柄が決して別々のものではないことを表明しています。

何故かと申しますと、即身成仏とは、この現世において永遠の生命を獲得することを意味しているからです。

それでは即身成仏ということにおいて、来世はどうなるのかと申しますと、現世において永遠の生命を獲得するのですから、来世においても勿論、永遠の生命は獲得せられているのです。

そこで、永遠の生命を獲得するとはどういうことかと申しますと、それは釈尊の獲得せられた解脱涅槃を獲得することであり、お大師さまのいう成仏ということです。

現世にというのは、釈尊が三十五才で仏陀に成られたこと、つまり死んでから成仏するのではなく、生きている間に成仏したということであり、この生きている間にというのが、お大師さまのいう即身ということです。

現世において永遠の生命を獲得することを、釈尊もお大師さまも成し遂げられたのであり、だから我々もこれを成し遂げようということです。あるいは、もし成し遂げられなくても、釈尊やお大師さまの獲得せられた永遠の生命にあずからせていただく、しかもそれをこの現世において我々の心身に御加持させていただくということです。

そこで現世において、今のこの我々の心身にこのような仏の御加持を受けるならば、それは我々自身が現世において永遠の生命をいただくことであり、この永遠の生命が我々を生かし続けているということに気がつくのです。

このことに気がつくこと、これが最高の現世利益です。

ふつう、現世利益というと、すぐにお金が儲かるとか、病気が癒《なお》るとか、試験に合格するとかいう目前のことだと考えがちです。これも勿論、現世利益ですが、この現世利益が可能になるのは、それを可能ならしめる仏の広大無辺の生命を頂くからなのです。早い話が、この力を頂かなくては、お金儲けもできませんし、たとえ儲けたお金も悪銭になってしまうでしょう。病気が癒っても、すぐに交通事故に遭ったのでは何にもなりません。

いずれにしましても、この仏の広大無辺な永遠の生命力、加持力は、ふつうの人には直接見えたり、聞こえたりするものではありません。直接見えたり、聞こえたりするもの、これは永遠のものではありません。美しい花は眼に見えますし、これを手折《たお》ることも、飾ることもできます。

けれどもいずれは萎えて、花びらも散ってしまいます。若者も老人になり、昔栄えた家もおとろえ、栄華を極めた文明も必ず衰滅する。**盛者必滅《じょうじゃひつめつ》会者定離《えじゃじょうり》**です。

ふつうわたしどもは、若くて美しくて、健康であり、お金があって地位があることがよいことで、その反対は悪いことだと思っています。

ところが、若くて美しいなどのよいことが、必ず老いて醜いなどの悪いことに成っていく。これが無常です。そしてわたしどもが眼で見、耳で聞き、肌で感ずるなどの直接的なことは、すべて無常であり、移っていくものなのです。

無常なものは苦です。愛していればいるほど、その愛している者と別れることはつらいでしょう。生きながら別れる場合もあれば、死んで別れる場合もある。事業に成功して豪勢な邸宅に移り住んだときの喜びは、いかばかりでありましょう。けれども、失敗してそれを手離すときのみじめさはまた甚しいものです。

ところが、仏の永遠の生命は、これとは違います。それは眼で見たり手で触れたりすることのできるものではありませんが、その直接的なものの中に確かに存在しています。眼に見えないから、ないと思ってはいけません。

見えないからこそ、永遠なのです。

しかもこの永遠なる生命が、厳然とはたらいており、わたしどもに加持して幸運をもたらし、災厄を除き去っている。この力は幸運のときにもはたらいているし、災厄のときにもはたらいている。幸運のときには幸運を増進し、災厄のときには災厄を消除している。この力に気がつかなければ、人生は苦楽の繰り返しです。喜んでは悲しみ、悲しんでは喜ぶ。これが生死であり、これが輪廻です。永遠の生命がいたるところで働いているのに、それが感じられない。これが人生最大の不幸なのです。お大師さまも、このことを『秘蔵宝鑰』という書物の中で、次のように概歎されました。

生れ生れ生れ生れて
生の始めに暗く
死に死に死に死んで
死の終りに冥《くら》し

そうではなくて、如来（ほとけ）の永遠の命に触れて、これを日々の生活の中でおしいただく人生、これこそがお大師さまの実現した即身成仏の世界であり、現世利益の実現です。

即身成仏の実現

さて、前節において、お大師さまの説かれる即身成仏が、現世において永遠の生命を獲得することであると申しました。
それではこの即身成仏を、お大師さまはどのようにして実現されたのでありましょうか。

もしそれがわかれば、我々もそれを実行することによって、現世において永遠の生命を獲得し、即身成仏を実現することができるはずです。そこで、これをお大師さまの『三昧耶戒序』という書物によって勉強いたしましょう。

お大師さまは、即身成仏を実現しようと思う人々は、四つの菩提心をおこさなければならないといわれます。そしてこの四つの菩提心とは、**信心**《しんじん》・**大悲心**《だいひしん》・**勝義心**《しょうぎしん》・**大菩提心**《だいぼだいしん》です。

お大師さまはこの四つの心をすべて菩提心と呼んでおられますが、それでは菩提心とは何かと申しますと、菩提を求める心です。菩提とは何かと申しますと、これが「**成仏**」ということです。

ですから、即身成仏を実現し、現世に永遠の生命を獲得しようと思う者は、まず即身成仏しようという心をおこさなくてはならない、と申されているわけです。これはまことにもっともなことで、財産を得たいと思う者は、財産を得たいという心をおこさなければなりません。

美しくて気立てのよい妻《めと》を娶りたいと思う青年は、やはりそういうこころざしを持たなければならない。それと同時に、永遠の生命にあずかろうとする者は、その願いをおこさなければならないというのです。

実は、初詣でをして清々しい気分になり、良い年であるようにと願う心、この心がいまいう永遠の生命に触れようという願いにつながっています。

ただし、初詣でをするだけで、お大師さまの教えを学ばない人は、その時だけの満足感で終ってしまう。そうではなくて、折角お参りしたのですから、そこで得たお大師さまの永遠の生命を、いつも保っていくようにすることが大切なのです。

それには、お大師さまの教えを学んでお大師さまが得られたのと同じ不可思議な生命力を、自分も感じられるようになろうと願い、努力すること、これがまず第一番目の信心です。第二番目から第四番目までの心については、この次にお話ししますが、わたしはこの信心を一日に一回必ず心におこして頂きたいと思います。

そして心におこすということは、心の中で**南無大師遍照金剛**《なむだいしへんしょうこんごう》とお唱えすることです。これは声を出してお唱えした方がもっとしっかりと心に刻まれることになりますから、家の仏壇や、あるいは川崎大師の方角に向ってお唱えするのがいいでしょう。

わたしは、これが永遠の生命を獲得する第一歩であり、また最後の到達点でもあると信じています。というのは、嬉しいときでも苦しいときでも、南無大師遍照金剛とお唱えすることによって、如来（ほとけ）の大いなる生命の光明を感得するようになったからです。

皆様の御精進をお祈り申し上げます。

南無大師遍照金剛

第二章　菩提心

身体の健康と心の健康

病気になると誰でも早く病気が治らないかと思います。病気が長引いたりすると、その苦痛もさることながら、仕事や家族の生活のことが気になって、心が焦り、病気そのものの苦しみだけではなく、不安による苦しみが重くのしかかってきます。

また、病気になったときほど健康の有難さがよくわかるものです。それに対して健康なときには健康であることを忘れており、その有難さについても考えないのが普通ではないでしょうか。

さらに我々は身体の健康や病気については大変関心が深く、日本中の病院はいつも満員であり、マスコミが健康相談や健康食、健康のためのスポーツ教室などを毎日報道していることは御存知の通りです。

身体の病気や健康などに対しては関心が深く、気を使っているものの、他方、心の病気だとか心の健康については、私達はあまり気を使っていないのではないでしょうか。そこで、心の健康について考え、さらに真言密教の菩提心ということについて、心の健康と関係させて説いてみます。

身体の健康

身体が健康であるためには三つの条件が満たされなければなりません。

つまり、**食事と休養と鍛練**です。

まず、**食事**についていえば、中国人はよく医食同源とか、病いは口から入るとかいいますが、これは食事がいかに健康にとって重要であるかを示しています。この場合、旨いものを沢山食べれば健康に良いように考える人がいますが、これは最も健康に悪いといわなければなりません。一番良いのは良い物を少量といわれていますが、これも身体をどれだけ動かしたかに応じるわけですから、個人差があるといわなければなりません。いずれにしても過食や欠食は健康を損なう原因となり、また食べ方も当然考えなければなりません。

つぎに、**休養**ですが、働き過ぎや身体にかかる無理が健康を損なうことはいうまでもありません。年齢が若いうちは少しの休養でもすぐに恢復しますが、年をとってくるとなかなか疲れが抜けません。とにかく身体の疲れや軽い病気は休養によって完治してから仕事にとりかかることが肝要です。

第三に**鍛練**ですが、これはとくに身体の筋力を鍛えるということです。というのは手足や内臓の働きを支えているのは身体の様々な筋肉だからです。

また、我々の目や耳も様々なものを見たり、聞いたりすることによって眼力がつき、目や耳が肥えてきます。すなわち、健康といっても仕事が出来ずに健康な状態ではダメなのであって、人生を楽しく有意義に生活でき、社会に貢献できる状態での健康でなければならず、そのためには身体の絶えざる鍛練を心がけなければならないといえるでしょう。

さて、それでは身体はこのように三つの条件を満たせばいつも健康かというと、そういうわけにはいきません。

最初にも書いたように、我々が健康を欲するのは我々が病気を経験するからです。それゆえ、健康について考えるとは病気について考えること、病気の原因と治療法について考えることもあるのです。

つまり、健康とは病気に対する言葉であって、病気をしたことのない人には健康の有難味はわからず、したがって健康になりたいとか、病気の原因を考えたりはしないことが多いのです。

しかしながら、自分が病気になったり、家族が病気になったりすると健康になりたいと考えます。そのとき、病気を癒すことを考えますが、現れるのは症状であって、その症状には何かの原因があります。そこで症状を癒すだけではなく、その症状の発生する原因を癒さなければ、健康を快復することにはなりません。

また、症状やその原因の治療において、医師や薬に頼らざるを得ませんが、病気を治す主体は医師や薬ではないことを知らなければなりません。仏教ではこのような病気を治す補助的な要因のことを「**縁**」といい、病人の治癒力のような主たる要因のことを「**因**」といいます。そしてある病気が治るか否かはこの因と縁との微妙な結合にあることは明らかです。すなわち、どんなに医師や薬が良くても、病人に治癒力がなければ、その病人は治らないでしょうし、また治癒力がどんなにあっても、医師や薬がその病気に適合しないなら、助かる病人も助からないということになるでしょう。

痛みと治癒力

それでは治癒力とは何かというと、これは身体の機能が正常に戻ろうとする力です。この治癒力は人間が特別に持っている力というよりも、生体がある環境の中で普通に生きているときに働いている生命維持力です。したがって治癒力とか生命維持力とか健康であるとかいう言葉は、みな同じ内容を指していると考えてよいのです。すなわち、治癒力とは病気になったときにその病気を癒して正常な状態、健康な状態にさせようとする身体の働きのことです。

健康を左右する前述の三つの条件、すなわち、食事・休養・鍛練が正しく行なわれていれば、健康は維持できるし、その治癒力が働いて、薬や手術などの縁の力を得て快復することになります。

このように考えてくると、我々は風邪で熱が出るとすぐに病気になったと考えて、病院に行って熱を下げる薬をもらうことを考えがちですが、実はその熱は身体が病源菌を排除するために出しているのですから、発熱は身体の治癒力の証明であるともいうことができるのです。あるいは身体のどこかに痛みを感ずるということは、身体の正常な維持力に対する警戒信号とでもいうべきもので、考えようによっては痛みは、身体の維持力が正常に働いている証明です。

こんなことを書くと天の邪鬼と思われるかも知れませんが、要は熱が出たり、身体が痛かったりするのは身体の機能が正常に働いている証拠ですから、いたずらに心配したり恐れたりしないで、その熱や痛みの原因をなくすように努めることが肝要なのです。

もちろん、その原因が何であるかは素人にはわからないことが多いので、お医者様に相談して薬を処方してもらわなければなりませんが。

しかし治癒力は自分にあるのですから、その力を信頼して養生しなければなりません。そして治ったならば健康を維持するために、すなわち治癒力を普段からつけておくために、さきほどの健康のための三つの条件を満たすよう努力するのです。

心の健康

さて、身体の健康についてはは以上のようなことがいえますし、また多くの人は普段から健康に留意して、さまざまな健康法を行っています。ところが、身体のことには気を使うものの、心の病気や健康にはあまり注意を払わない人が多いのではないでしょうか。
たとえば、前述の身体の健康法の中で三条件をあげ、そのうち食事が身体の健康には重大な要因だといいました。それでは心にとっての食事にあたるものは何かと質問した場合、これはなかなか答えられないと思います。また心の休養とか心の鍛練とは何かということにも、すぐには解答できないのではないでしょうか。

食事＝ことば

そこで、心にとって食事にあたるものは何かというと、これは「**ことば**」であるということができます。もちろん、心にはことばのほかに、色や形や動作のイメージや、さまざまな物音や響きの音声が入りこんできて頭脳に記憶されていきます。それゆえ、これらイメージや音声も心の食事ということができますが、イメージや音声はことばで代替することができるので、心の食事はことばであるといったのです。

心の健康にとってことばが重要であるというのは、身体の健康にとって食事が重要であるというのと同様です。たとえば我々が栄養のある食事をとると、それが血肉になったり、仕事をするエネルギーになります。それと同様に心が良いことばや楽しいことばで満たされていると、我々の心は良い状態にあり、楽しい心になっているといえます。

反対に悪いことばや悲しいことばで心が満たされているときは、悪い心、悲しい心になっているということができます。そして心が暗くなったり、ストレスが蓄積したりすると体調も悪くなっていくことは誰でも経験したことがあると思います。もちろん、体調が崩れることで心も暗く苦しくなっていくこともあり、心と身体の関係はまことに微妙です。

心と身体とは鏡と物体のように対応しており、鏡に映った物体の影像が、物体とは同じであると同時に、同じではないといった関係にあるのです。

物体の色や形が鏡に映っているとき、その映像は物体そのものを映しているように、身体の状態はそのまま心に映っており、身体の調子が悪ければ心の調子も悪く、その反対にもなるということです。物体と物体の映像とは異なっており、映像を掴まえようとしても鏡の中の影像は物体を掴まえるようには掴まえることができません。

また、物体はそれだけではそれ自体を見ることができず、鏡はそれ自体の姿はないにも拘わらず、物体を映して物体をして物体の姿を明らかにすることができます。これと同様に、身体は心なしには身体の状態や仕組みを知ることはできず、心はそれ自体は身体ではありませんが、身体の様子を知り、それを調節することができるのです。

このような意味では、身体の健康を考えているのは心ですから、身体の健康を維持するためには心の働き、あるいは心の健康が配慮されなければならないことは明らかです。早い話が、前述の身体の健康の三条件である食事と休養と鍛練も、これはすべてことばであって、このことばは心が働く素材あるいは心の食事であることは前述した通りです。

さて、それでは心の健康にとっての休養と鍛練とは何を意味するのでしょうか。

休養＝「空」

まず、休養ですが、身体の休養とは何といってもよく眠ることであるのに対し、心の休養は心を眠っているのでもなく、働いているのでもない状態にしておくことです。

普通に考えると、心は昼間は働いていて、夜睡眠しているときには眠っているように思うかも知れません。ところが、実際には我々の心は昼間でもボウーッと眠ったようになっているときもあれば、夜、眠れず、かえって様々な妄想に悩まされたり、眠ったかと思うと嫌な夢をつぎからつぎへと見たりすることがあるのは、誰でも経験していることでしょう。

だから、身体が眠っているときに心が休養しているわけではなく、身体が目覚めているとき心は働いているわけでもないのです。そこで、心の休養というのは、眠っているのでも働いているのでもない状態だといったのですが、これを仏教でいうと「止」といい、禅定の一つの状態を意味しています。

これを鏡のたとえでいうと、鏡の蓋が閉まっているのは心が眠っている状態であり、鏡が動き廻っている状態は心が活動している状態です。しかし、鏡にものの色やかたちが正しく映るには蓋が閉まっていたり、あちらこちらへ動き廻っていたのではダメであって、鏡は対象に向かって静止していなければなりません。同様に心も対象に向かって開かれていて、同時に静まり返っている状態が「止」といわれます。

しかし、一方ではその休養はただちに活動へと移行し得る状態の確保であって、ある意味ではその休養の最中にあって、表層的な意識の活動は休止していても、深層の意識の世界は開発されているのだともいうことができます。

言葉をかえていえば、表層意識の休養とは深層意識の開発であり、それはあたかも身体の休養である深い眠りが醒めたときのあの爽快なる気分が、深層意識の開発という休養によって全く新鮮なる表層意識の再発見、再認識をもたらすのと同様です。これをもう一度別の言葉で表現すれば、心が表層意識のみの世界にあるときは、そのおびただしい情報の中でこれを処理しきれずに疲れ果ててしまいます。

このような表層意識での情報をすべてシャットアウトしてしまい、しかも深層意識の領域が開拓されていること、これが心の休養であり、この休養によって心は表層意識の新たなる世界へと跳躍するエネルギーを獲得するのです。

そして、この「止」の状態の極まったところが「空」の状態であり、心の休養とは心が「空」の状態にあることにたとえられます。

鍛錬＝三摩地と三昧

それゆえ、心の休養とは身体の休養とはちがって、むしろ鍛練によって得られるものだといえます。つまり、止とか空の経験はむしろ一つの鍛練で得られた状態であって、この状態に到ったときに、心はいつも休養しているのです。

これらの心の鍛錬は、仏教用語でいえば、**三摩地**《さんまじ》（第七章参照）とか**三昧**《さんまい》という方法なのです。止が心を空の状態にするのに加え、さらにその空の状態の心に一定の形を与えていく訓練とでもいうことができます。これを鏡にたとえていえば、静止して対象に向かっている鏡の面をよく磨いて曇りを取り去り、かつ歪んだ鏡の面を真っ平らにし、そこに仏の世界を映し出していく作業とでもいうことができるでしょう。

菩提心について

弘法大師が依り処とされた『大日経』住心品の中に、「さとり（菩提《ぼだい》）とはありのままに自分の心を知ることである」という言葉があります。このうち「ありのままに自分の心を知る」とは、「自分の心が虚空《こくう》の如くになることである」といわれています。それゆえ、菩提心とは自分の心が虚空の如くになったとき、生じるものであって、これが悟りです。

また一方で、菩提心とは菩提を求めてひたすら努力する心という意味ももちます。というのは我々の心は最初から虚空の如くあるのではありません。前述のような「心の鍛錬」、鏡のたとえでいえば、蓋が閉じていたり、あちこち動き廻っていたり、汚れて曇っていたり、割れていたり、歪んでいたりしています。それゆえ、このような心の鏡は努力して正しく物が映るようにしなければなりません。そしてこの努力がまた菩提心といわれるのです。

お大師さまは、この菩提を求める心を四つの心として説かれましたが、それらは信心、大悲心と勝義心と大菩提心の四つでした。

このうち、信心には十の意味があるとされました。これは要するに我々は誰もが本来、虚空の如きさとりの心を持っていると信ずる心のことです。つぎの大悲心は、すべての生きものは自分の父母兄弟姉妹であると思って、その苦しみを抜き去り、楽を与えようと願う心です。そして勝義心とは、あらゆるものはすべて関係し合っており、何一つとしてそれ自体で存在するものはなく無常であるから、我々は精進努力し、より優れたものを求めようとする心のことです。
最後は悟りそのものの心として前述の三摩地の心を説いておられます。この心は別の表現では大菩提心といわれ、易しくいえば、明るくとらわれのない、そのものに成りきった心とでもいうことができるでしょう。我々の心がこのような心に成ったとき、我々は真実のゆるぎない幸福と安楽と自在とを得ることができるのです。

南無大師遍照金剛

第三章　真言は不思議なり

密教はやさしいか

よく考えてみると密教をやさしく書くということは大変難しいことです。

密教はもともと大変奥深くて難しいので、これをどんなにやさしく書こうと思っても、なかなかやさしく書けないということです。

何故、密教は難しいのかというと、秘密仏教だからです。秘密仏教の秘密というのは、ふつうの人には隠されているということであり、隠されているものはふつうの人には見たり聞いたりできないからわからない、それで難しいということになります。

何故、そんなふつうの人にはわからない難しいことを密教は説くのか、そんな秘密の教えを人々に説く意味はどこにあるのかという疑問が起こります。

この問いに対する答えは次の通りです。

1、たとえば、「人は何故死ぬのか」という問いに対する答えは難しいものです。しかし密教はこの難しい問いに対する答えを教えています。つまり、難しい問題を解決しているのが密教だから、密教は難しいのです。

2、「どのようにして悟りを開いて、生死の苦から解放され、また苦海に沈む人々をどのようにして救うか」という問いが仏教の目的であり、仏教の全歴史はこのためのたゆまない努力でした。密教はその仏教の歴史の最後に現われたので、それ以前の仏教の思想をすべてとり入れて成立しており、そのために深く広い世界であり、なかなか理解し難いのです。そこで今回はその歴史をふり返って見ながら密教とは何かについて考えてみます。

密教の歴史

釈尊の**初転法輪**《しょてんぽうりん》（悟りを開かれた釈尊が鹿野苑《ろくやおん》ではじめて説法を開始したこと）以来、

阿含経《あごんぎょう》をはじめ多くの経典が編纂されました。このうち阿含経は釈尊の直説を弟子たちがその聞いた通りに記述したもので、お経にはみなその最初に「如是我聞」(このように私は聞いた)という文句が置かれています。

これは釈尊の説法されたことは絶対であって、私は聞いた通りのことを述べますという意味であり、これは裏がえせば、私は聞かなかったことは述べません、ということです。ところが、時代が進むにつれて、ここに次のような三つの問題が起こって来ました。

第一に、阿含経を中心にした仏教教団は出家者たちの集まりでしたが、彼等は自分たちの悟りを求めているだけで、他の人々の苦しみや悩みを救済しようとしないという非難がありました。このような自分たちだけの救済という利益を求めている教団の立場は小乗(小さい乗物)であるとけなされ、これに対してすべての人々を救済することを第一任務とし、自分の悟りは後にまわす人々の立場を大乗というに至りました。

第二には釈尊の説法が文字になって、これが阿含経にほかなりませんが、文字で書かれた経典を絶対視した結果、経典の真意は人々が悟りを得て、苦悩の生存から解放され大安楽の境地に至ることだという意義が忘れられました。この傾向は小乗の人たちの教団の一般的な傾向でしたから、そこに釈尊説法の真の目的（人々が悟りを得て救われること）に帰れという運動が起こり、これが**大乗仏教**の精神を構成する大きな中心点となったのです。

これをたとえによって示すと、河を渡る筏は向こう岸（仏の悟りの境地）に着いてしまえば、もはや必要はないから捨てられます。教えも同様であって、その教えによって悟りの彼岸に着けば、その教えという筏は捨てられます。それゆえ、大乗仏教を信仰する人々は教えという筏によって仏の彼岸に至りますが、それに対して小乗仏教の人々は筏を金科玉条として、その材木は何でできているかとか筏をしばる紐は何であるかとかを分析研究しているだけだと非難したのです。

このような大乗仏教の人たちの傾向はさらに、それでは教えとは一体いかなるものであるかとか、教えはことばや文字で伝えられるが、ことばや文字は悟りとどういう関係があるかという研究に進みました。実は教えは筏であるというたとえはそのような研究の結果到達した結論ですが、その他にも、月をさす指に教えをたとえている例があります。

つまり、たとえば父親が子供に「あそこに月が出ているよ」と指さしたとき、子供が父親の指だけを見ていたのでは月は見えない。それと同様に、教えは悟りという月をさす指であり、教えだけを分析研究していても悟りは得られないというのです。教えはことばや文字であるから、ことばや文字に捉われていたのでは悟りは得られない。むしろことばや文字を離れてこそ悟りは得られるのだ、ということになります。

このような考えがさらに進むと、ことばや文字はむしろ迷いのもとであって、悟りを顕らかにするどころか、悟りを隠すものだということになっていきます。

しかし、悟りはことばや文字がなかったら悟りがあることさえわからない、つまり、前述のたとえでいえば、筏は手段であって目的ではないが、その筏という手段がなければ悟りの岸へ渡ることができません。ことばや文字が悟りを示すと同時に隠しているという矛盾に気がついた大乗仏教の人々は、そこで阿含経とは違った経典を作ったわけですが、その経典が般若経です。

『般若心経』を読まれた方はすぐおわかりのように、『般若心経』二百六十二文字の中には空だとか無という否定のことばが三十七字もあり、それらが何度も繰り返し使われています。

不生不滅とか無苦集滅道とか無所得とかいうことばです。たとえば**無苦集滅道**《むくじゅうめつどう》のうち、苦集滅道の四諦は、釈尊の最初の説法だといわれているので、『般若心経』をそのまま読むと釈尊の説法である四諦を否定しているように見え、普通に考えるとこれはとんでもないお経だということになります。

けれども苦集滅道は教えであって、悟りの境地そのものではないと考えると、逆に悟りの境地には苦集滅道はない、という意味になるのです。

もっと簡単にいうと、釈尊は五人の比丘《びく》に対して、この世の一切は苦であり、その苦には原因の集まりがあり、この原因の集まりを滅すればそれは苦の滅亡であると説かれたのです。たとえば、腹痛で苦しんでいる人（苦であるという真理）がいたとすると、その腹痛にはいくつかの原因（苦の原因の集まりがあるという真理）があります。

そこで腹痛を癒そうとする場合、痛み止めの薬を飲めば一時的に痛みはなくなりますが、根本的に癒すためには腹痛の原因である胃かいようとか腸のガンとかをとり除かなければなりません（苦を滅するには苦の原因をとり除かなければならないという真理）。そのように苦の原因の集まりを滅する方法、たとえば胃かいようを切除するとか、薬を飲むこと（苦の原因を滅する方法＝道であるという真理）によって、腹痛という苦しみがなくなり（苦が滅するという真理）、食事もおいしく食べられるようになるのです。

これが釈尊の**四諦**（**苦・集・滅・道という四つの真理**）の教えであり、これは誰にでもわかる素晴らしい教えです。

ところが、前にも述べたように、『般若心経』は「無苦集滅道」と、苦集滅道は無いといっています。これを文字通り解釈すれば、お釈迦様の教えを否定しているように見えますが、そうではなくて、本当に苦がなくなってしまえば苦であるとか、苦の原因をなくすという教えも実践も必要がなくなってしまう、という意味です。

つまり腹痛がなくなってしまえば、薬を飲んだり、手術をしたりする必要はないし、教えも必要ないということです。おいしく御飯が食べられるのに「おなかが痛くなったら、その痛みの原因をなくしなさい」などとお説教されても、うるさいだけだというわけです。そしてこれが、教えは苦海を渡る筏であり、月をさす指であるということの意味であり、苦がなくなれば教えという筏もいらず、月を見れば月を教える指も必要ないということの意味です。それでは筏や月は全く必要ないのかというと、やはり、苦海を渡るには筏が必要だし、月を見るには月をさす指が必要です。

ただ、小乗仏教の人たちはそのような「教え」の効用と限界とに気づかずに「教え」を金科玉条としてこれを絶対化してしまったので、大乗の人々は『般若経』を作って、釈尊の教えの真意を明らかにしようとしたのです。それゆえ、『般若経』は釈尊の教えを否定しているように見えるかもしれませんが、そうではなく釈尊の教えの真意を明らかにしようとした経典であることがわかったと思います。

第三に問題になったことは、教えを超えて釈尊の悟りの境地に入ることが、釈尊の教えの目的だ、ということです。前述のたとえでいえば、月をさす指ではなく、月そのものを見ることが大切だという大乗仏教の人々の考えは正しいのですが、それでは大乗の菩薩（菩薩とは悟りを求める人という意味）たちは、教えを超えて悟りの境地に入ったのか、それはどのような方法に依ったのか、またそれはどのような境地かという問題です。

これに対する答えは、菩薩たちは釈尊の悟りの境地に部分的に入ったということ、その方法は主として禅定《ぜんじょう》（第七章参照）に依ったということ、そしてその悟りの境地とは空の体験であったということです。

他方、前述の第一の問題であるすべての人々を救済するから大乗だという立場からすると、この第三の問題に対する解答としての禅定は、結局、静かなところで禅定に入れる人だけが悟れるわけですから、これだけではすべての人々の救済になりません。そこで菩薩は、自分自身が空を体験することによって得た般若の智慧によって、人々を救済していく活動をすると同時に、経文の読誦書写をすることが自らを苦から救う方法であると、人々に薦めたのです。

つまり、般若の智慧は得られなくても、般若経を読誦したり、書写したりすればその功徳によってこの世の一切の苦しみから解放されると説いたのです。般若経読誦には何故一切の苦しみを解放する功徳があるかというと、般若経は釈尊の悟りの境地そのものを説いているから、ということになります。

それゆえ、般若経の心になれば釈尊の悟りの境地になれるのですが、その心になれなくてもこれを読誦するだけでも功徳がある、というのです。

そんなことをいっても意味がない、つまりお経を読むだけで一切の苦しみから救われるなどというのはウソだというかも知れませんが、般若経は釈尊の悟りの境地を説いたお経であり、悟りの境地に入るためにはまずお経を読まなければならず、「読書百遍意自ら通ず」という諺もある通り、般若経を読誦したり書写すること自体に功徳があるとされたのです。

般若経は難しくてわからなくても読誦したり書写したりすること自体に功徳があることになれば、般若経の意味がわからない人でも誰でもできることであるので、そこに大乗仏教がすべての人を救済する方法を見出したといわれる理由があるのです。

ところで、意味がわからなくても読誦するだけで功徳があることになると、その読誦する文句はできるだけ短い方がよいということになります。短かければ短いほど簡単になり誰にでも読誦できるからです。このような思想が発展して、般若経の中に陀羅尼とか真言が説かれるようになり、中国語に翻訳される際、その陀羅尼や真言は意味をもった言葉として翻訳されず、サンスクリットの音写語としてそのまま経典の中に説かれるようになったのです。もちろん、これは陀羅尼の成立の説明としては皮相でうがった見方かも知れません。

実際には**陀羅尼**《だらに》には四つの意味があると考えられていて、それは、（1）記憶して忘れないためのことば、（2）教えの意味を忘れないためのことば、（3）禅定の深まりの中で発する秘密語で、不思議な神通力をもっていることば（4）真理を保持していることばです。

このうち、陀羅尼としての特別の意味をもってくるのは後の二つの意味の陀羅尼です。この意味の陀羅尼は、禅定の中で般若の智慧を発得《ほっとく》して得られた不思議な功徳を持ったことばですから、これを唱えることによってその功徳にあずかることができるということになります。

小乗仏教から大乗仏教へと展開するなかで、以下を指摘することができます。般若経が成立し、この般若経は教えを超えた悟りそのものの世界を表現しようとしたこと、そのために教えを否定するという形で教えを説く形をとったこと、その悟りの境地に入るには禅定に依り、空の体験とそこから生ずる般若の智慧の働きが菩薩たちの利他行となったこと、またその禅定の中で得られた秘密語は不思議な神通力を持つ陀羅尼として、誰にとっても利益を与えることばであるとされたこと、などです。

真言密教が難しいのは般若経が難しいのと同様に、仏の悟りの境地すなわち一切の苦悩からの解脱涅槃を教義によって説くからです。

しかし、般若経がその後ろの方で陀羅尼を説いて、教義はわからなくても般若経の読誦や陀羅尼の読誦そのことに功徳があるとしたのと同様に、密教も陀羅尼と同じものとして**真言**を説き、この真言を唱えることによって、一切の苦しみの根源を抜くことができるとしたのです。

この真言を唱えるという行為は誰にでもできる、やさしい行為であり、しかもその功徳は極めて大きいわけですから、真言密教の教義は難しいものの、その実践は易しく、それは真言の功徳によるのだということがわかるのです。

真言は不思議なり

弘法大師はその『般若心経秘鍵』の中で、

真言は不思議なり
観誦すれば無明を除く
一字に千里を含み

即身に法如を証す
行行として円寂に至り
去去として原初に入る
三界は客舎のごとし
一心はこれ本居なり

と述べられています。

我々は無限の過去から生死輪廻をくり返していますが、これは、無明や貪瞋痴（詳しくは第十一章）などの煩悩に引きずられて、さまざまな悪業を重ねているからです。それゆえ、この無始時来（いつ始まったかわからない過去）の無明を取り除くためには、法身大日如来の御真言や不動明王の御真言を唱えることが大切です。

何故なら、御真言は不思議であり、一字にも無限の意味を含み、これを観誦すれば無明を除き、この身このままに仏の悟りの世界にいることを証明してくれるからです。我々は真言の不思議な功徳によって、この上もなく奥深い完全円満な涅槃の境地に至り、また無限の過去に本来我々がそれであったところの原初の仏の世界に入るのです。この三界（欲界・色界・無色界）は我々が輪廻転生する過程で、一時的に宿泊するホテルのようなものであり、また出ていかなければなりませんが、それに対し、仏の境地に安らっている我々の一心は、ゆったりとくつろぐことのできる自分の家のようなものです。

以上によって、お大師さまの真言密教においては、御真言を観誦することによって、この身このまま仏の大安楽の世界、本来の自分の家に安らうことができるということが明らかになったのです。

南無大師遍照金剛

第四章　真言

ネーミング

お大師さまが開かれた宗派の名前は〝真言宗〟といいます。

よくわれわれは「名は体を表わす」といいますが、それではこの〝真言〟という言葉は、どのような体を表わしているのでしょうか。また、お大師さまはどういうおつもりで、この〝真言〟という名前を一宗の名称に選ばれたのでしょうか。

赤ちゃんが生れると、お父さんやお母さんは、姓名学の本や辞書と首っ引きでその名前を考えます。名前をつけるのが得意でない人は、菩提寺の和尚さんや徳の高い有識者に名前をつけてもらいます。

名前は誕生した子供につけるだけではなく、新しい会社を設立するときとか、新製品を作り出したときなどには、必ずつけなければならなくなります。犬や猫などをペットとして飼う場合にも、「ポチ」とか「タマ」とかという愛称をつけます。

犬や猫の場合でしたら、これは愛称ですから、何となく可愛らしい名前をつければ、それで済んでしまいます。けれども、自分の子供や、新しい会社の名前をつけるとなると、何日もかかって考えます。これを今日の新しい用語でいうと、〝ネーミング〟です。

ネーミングは英語で、名前をつけるという意味です。別に英語でいわなくても良いと思いますが、現代のような情報化社会では、新製品をどういう名前で売り出すかは、大変重要な意味を持っており、そのために〝ネーミング〟ということばが商業用語にもなっているのです。

わたしの友だちにホテルを経営している人と、乾物の卸業をしている人がいます。たまたま三人で会って話をしているとき、乾物屋で扱っている海苔《のり》が大変おいしいという話から、ホテルの友人が「海苔はおいしいが、名前が良くない。〝磯吉〟などという古めかしい名前では、今の若い人はついてこない」とけなしました。

するとと乾物屋の方は、「お祖父《じい》さんの時代から百年以上も続いて、小売店の時代から信用してもらっているのだから、名前は変えない」と強硬に出ます。ホテル業の方が「今の時代は新しい販路を開拓しなければダメだから、名前を変えて売り込みをしたらどうか」と提案しますと、乾物屋は「まあ考えておく」といいましたが、あまり乗り気ではないようでした。

ここでもし乾物屋が、若い人向きの販路を開拓しようとして、同じ海苔に違った名前をつけて売り出せば、いずれは売れ出すかも知れませんが、それには相当の宣伝費と信用がつくまでの時間がかかるでしょう。それだけの出費をしてまで新しい市場を開拓しなくても、これまでの名前で売れているのだからこのままでよい、と乾物屋が考えるのも当然です。

しかし、ホテル業の方からすると、競争が激しくて、常に新しい企画を打ち出すことで彼は頭を痛めていますから、同じ内容でも名前を変えてお客に提供することに慣れっこになっているため、乾物屋にあのような発言をしたのだと思います。自動車の新製品なども若い人向けに名前を考えだすので、自動車の本体そのものは大して変わってはいないのだろうと思います。

販売側からみたら、本体は変わっていなくても、名前を変えれば商品は売れる、と考えているかも知れませんが、購買者の側からみたら、これはどんなものでしょうか。購買者や消費者は、名前よりも実質をとった方が良いのです。だから、賢明な消費者は、名前につられて買うようなことはしませんが、われわれは、往々にして、ついブランド商品や名前にだまされてしまいがちです。

勿論、ブランド商品が悪いというのではありませんが、本体を確かめないで名前だけで買うと、値段の割に大したことがなかったとか、場合によっては偽物だったなどということが多いということです。

商業の世界にはえてしてそういうことが多くて、売り手と買い手のかけ引きは一種のだまし合いだといってよいでしょう。

利益というのは仕入れ値と必要経費と売り値との差額ですから、商人は仕入れ値を安く、売り値を高くすれば、それだけ利益があがります。

しかし、売り値通りで買ってもらうには、買い手がその売り値（買い手にとっては買い値）で満足することが条件ですから、その満足度のうちにブランド商品を買った満足度を含ませるのです。

つまり、ブランド商品を買った客は、その品物それ自体の良し悪しだけではなく、その品物の有名度を買うわけですから、そこにはだまし合いはあっても、お互いの間のトラブルは起りません。ところが、ブランド名をかたって、たとえばハンドバッグを売買したとなると、たとえその品質が本物より良くても、犯罪になります。

さて、ネーミングということから、話が商業のことにまで及んでしまいました。以上のことから、次のようなことがいえます。

（1）名前と実物とは異なること。
（2）われわれはふつう、名前は実物を表わすと思っていること。
（3）名前を信用し、名前に執《とら》われて生活していること。
（4）名前を信用しているとだまされるということが起り、執われていると、そのために苦しみが起ること。
（5）名前は実物を表示しているから、人間は社会生活を営み、互いの会話が可能であること。

執《と》われをなくす

名前につられて物を買ったけれど、その名前が偽ものだったり、実物が不良品だったりすると、誰でも怒ります。また、人から悪口をいわれたり、中傷されたりすると、名誉を毀損されたとか、名前に傷がついたと感じて、そのために他人と仲たがいしたり、争ったりします。

また、どうも調子が悪いので、病院へ行って見てもらったら、医者が首をかしげて何もいわない。薬をもらってきて飲んでいるが、どうも思わしくない。それだけではなく、家族がバカに親切にしてくれるようになった。もしかしたらガンかも知れない。ガンだと思い込んだら、死ぬのが恐くて夜もねむれない。こんな経験をされた方もあるかも知れません。

そういう場合、われわれが悩んだり苦しんだりしているのは、悪口や名誉を傷つけられたことや、ガンという名前や死ということばとイメージによってです。もし実際にあることと、それについての名前やことばは異っていることを知っていたら、ことばや名前に怒ったり悩んだりする必要があるでしょうか。

つまり、どんなに悪口をいわれても、ひどい名誉毀損を受けても、実際そうでなかったら、平然としていられます。また、ガンだと思い込んで、ガンということばとイメージに悩んでいるけれども、医者がもしガンではないといえば、その悩みはたちまち失くなってしまうでしょう。

これらの場合は、名前と実際が違っているから、そのことに気がついて安心するのですが、もし名前と実際が同じ場合はどうでしょうか。つまり、実際にガンが進行していて、自分がその病名を知った場合などです。

わたしは、このときにも、名前と実際とは異なるということを知るべきだと思います。そして名前に執われて、そのために苦しむことは、苦しみを何倍にも拡大してしまうと思います。つまり、実際にガンで身体が苦しんでいることにつけ加えて、ガンという言葉やイメージによっても心が苦しんでしまうからです。

けれども、もし心が苦しまなければ、痛みはあっても苦しみはないといえます。そして心が苦しまないためには、心が名前やイメージに執われないことが必要なのです。

われわれは名前やイメージとその実体とが同じであると思い込み、また名前やイメージと同様にその実体も変わることはないと思い込むから、執われやこだわりが生ずるのです。

その最も良い例が、死という言葉です。われわれは皆死ぬのは恐いと思っています。また身内の者や友人・知人が亡くなると、本当に悲しく苦しいものです。けれども悲しく苦しい原因は、死ぬという事実だけから起ってくるのではありません。

なぜなら、もし死ぬということがそれだけで悲しく苦しいなら、われわれは毎朝、新聞の三面に出ている死亡記事を見て、その度ごとに泣き悲しんでいるはずだからです。

けれども、自分が知らない人の死亡記事を見ても少しも悲しくないのが普通ですし、自分の憎悪している敵が死んだら、われわれは万歳をして喜ぶでしょう。

それゆえ、死そのものがすべて悲しく苦しいのではなくて、愛する者が死ぬから悲しく苦しいのです。愛することは執われることと同じですから、愛していればいる程、執われていればいる程、その人が亡くなるのは悲しく苦しいのです。

ですから、悲しみや苦しみの原因は死そのものではなくて、愛着や執着にあるということになります。

そして、この世の中でわれわれが最も愛着し執着しているのは自分ですから、この自分の死は最も恐ろしく、悲しく苦しいということになります。

さて、お釈迦さまは、この苦の因縁を**無明と愛執**にあると説かれました。ここで無明というのは、苦の因縁が**無常と愛着**であることを知らない、ということです。また愛執とは、すべてが無常であるにも拘らず、人びとは自分と自分のものとに愛着し執着している、ということです。

ですから、この世の中の憂いや悲しみや苦しみを離れるために最も重要なことは、無常と愛執が苦の因縁であることを知って、愛執を離れることであるといわれたのです。

この無常と愛執のうち、無常は、われわれでは如何ともし難いものです。愛執は離れることができても、無常を常にすることはできません。

しかし、われわれは普段、無常ということを念頭においていません。むしろ、自分や自分の身内やこの世の中は変わらないと思い込んでいます。

とくに自分の名前や身内の名前、あるいは身の廻りの世界の物の名前は変わることがありませんから、習慣的に自分も身内も変わることはないと思い込み、それらに執着し愛着しているのです。

これが無明ですから、無常は失くすことができなくても、無明は失くすことができます。つまり、自分も身内も含めて、すべて作られたものは無常であると知り、それに成り切れば無明は失くなります。

無明がなくなれば、自分や自分のものに対する執着や愛着もなくなるので、執着や愛着から起ってきた憂いや悲しみ、苦しみも失くなり、大いなる心の安らぎがそこに生れるのです。これが涅槃であり、優れた教えです。

真言

さて、われわれは諸行無常であるのに、これをありのままに見ず、名前やことばや判断（＝分別）に執われ、さまざまな行為を起し、愛執によって憂いや悲しみや苦しみに満ちた人生を送っています。このことに気がつき、執われを捨てない限り、生老病死の輪廻転生から解脱し、涅槃に到ることはできません。

けれども、仏は無明と愛執とを断ち切り、この輪廻転生の苦の世界から解脱・涅槃し、これに至る方法をわれわれに説法されたのです。

それでは、名前やことばや判断を離れた仏は、ことばで表現できないのでしょうか。これには二つの説があって、仏はことばや姿を離れているとするのが、顕教です。

他方、執われや無明がなくなったのが仏であるが、これは鏡の曇りがなくなったようなもので、世界はむしろありのままに現われてくるのだとするのが、密教の考え方です。

ことばや姿にとらわれているのが衆生だとしたら、仏はこのとらわれを離れている。しかし、この執われを離れているということは、ことばや姿がないのではない。むしろ真実のことば、真実の姿がそこに現われているのだ、というのです。この真実のことばが真言であり、また真実の姿が**曼荼羅**です。

この真実のことばである真言は、普通のことばと同じなのでしょうか、違うのでしょうか、もし違うとしたら、どのように違うのでしょうか。

真言は真実のことばであり、仏のことばですから、普通のことばと違っているのは当然です。ではどのように違っているかというと、まず第一に、普通のことばは、そのことばに対応する一つの意味しか持っていないのに対し、真言は無限の意味を持っているといわれています。

第二に、普通のことばは、われわれがそれに執われて生死輪廻の苦しみを繰り返すのに対し、真言は執われを離れた仏のことばですから、これを観誦することによってわれわれの無明を除き、生死輪廻の苦しみからわれわれを解脱させる力があるといわれています。

第三に、人は皆それぞれの機根が違いますが、それぞれの機根に応じた真言があり、それを観誦することによってそれぞれ救われるのです。その究極の真言は**大日如来の真言**であるといわれています。

以上のような違いが普通のことばと真言との間にはあるとお大師さまはいわれていますが、それではわたしどもはどのような真言をお唱えすればよいのでしょうか。またどのようにお唱えすればよいのでしょうか。

お大師さまは中国（唐）に渡られて、大日如来より数えて第七番目の祖師である恵果阿闍梨《けいか》より、金剛界・胎蔵界の両部の秘法を受法されました。その受法のときに、お大師さまは金剛界のときも胎蔵界のときも、大日如来に結縁《けちえん》され、師の恵果阿闍梨はこれを讃嘆されたといわれています。そしてこの時、授かったお大師さまの灌頂名《かんじょう》が

遍照金剛

です。

わたしどもはそれぞれの本尊さまに結縁していますが、それぞれの本尊さまの総本尊が大日如来さまであり、その大日如来さまのお弟子がお大師さまですから、このお大師さまの灌頂名である、「遍照金剛」に帰依いたしますという意味で、

南無大師遍照金剛

とお唱えすることが、大師信徒の真言なのです。

次にどのようにお唱えするかといいますと、お大師さまは真言を観誦せよといわれてい

ます。この観誦の観とは、ふつうはみるという意味ですが、本当は観たものに成り切るということです。それゆえ、南無大師遍照金剛と観誦するとは、この真言に成り切ってお唱えすることであり、ただ一心不乱にこの真言をお唱えすることです。

わたしどもはこの観誦によって、執われのない、こだわりのない仏の世界をさながらにこの現実の世界の只中に実現することができるのです。

最後にもう一度、『般若心経秘鍵』に説かれたお大師さまの詩を掲げます。

真言《ハ》不思議《ナリ》　観誦《スレバ》除《ク》二無明《ヲ》一
一字《ニ》含《ミ》千理《ヲ》一　即身《ニ》証《ス》二法如《ヲ》一
行行《トシテ》至《リ》二円寂《ニ》一　去去《トシテ》入《ル》二原初《ニ》一
三界《ハ》如《シ》二客舎《ノ》一　一心《ハ》是本居《ナリ》

真言ハ不思議ナリ　観誦スレバ無明ヲ除ク
一字ニ千理ヲ含ミ　即身ニ法如ヲ証ス
行行トシテ円寂ニ至リ　去去トシテ原初ニ入ル
三界ハ客舎ノ如シ　一心ハ是本居ナリ

南無大師遍照金剛

第五章　大日如来と『大日経』

大日如来

まず『大日経』という名前を聞いたことのある人は少ないと思います。これはどういうお経なのか?

日本で一番よく知られているお経は、おそらく『般若心経』でしょう。その次は『法華経』『阿弥陀経』などで、これらのお経以外の名前を知っている人は大分少なくなると思います。たとえば、『阿含経《あごんぎょう》』『涅槃経《ねはんぎょう》』『華厳経《けごんぎょう》』などです。おそらく、『大日経』はこれらのお経よりももっと知られていないと思います。

仏さまの名前にしても、大日如来という名前は、釈迦如来や阿弥陀如来、薬師如来などにくらべると、あまりよく知られていないでしょう。

お経の名前や仏さまの名前でさえ、あまり聞いたことがないのですから、ましてや大日如来がどういう仏さまであるかなどということは、皆目見当がつかない方が多いと思います。

そこで、この大日如来と『大日経』について、やさしく書いてみることにします。

まず、大日如来という仏さまはどんな仏さまであるか、ですが、大日如来のもとの呼び名は、サンスクリットでマカビルシャナ如来といいます。このうち、マカとは漢字で「摩訶」と書き、これは「大」という意味です。摩訶不思議とか摩訶般若の「摩訶」です。ビルシャナとは漢字では毘盧遮那と書き、これはヴァイローチャナの音写語ですが、その意味は太陽ということです。ですから、摩訶毘盧遮那如来は大日如来、大きな太陽のような仏様という意味になります。ただし、この大という字の意味は太陽の大きさを意味するのではなく、普通の太陽、すなわち地球がその周りを廻っているあの太陽に似ているが、あの太陽そのものではなく、それよりももっと偉大な力を持っていることを表わしているのです。
それでは、どういう点で大日如来は太陽に似ているのでしょうか。
一、太陽が暗闇を取り除き、世界を遍《あまね》く照らすように、人間の心の迷い、悩み、苦しみの暗闇を取り除き、わたしどもの世界を遍く照らしだして、明るく楽しい世の中にする。
二、太陽が明るく照らすことによって人間や動物が活動でき、草木も成長する。それと同様に、大日如来は、生きとし生けるものの生長を助け、それらのもののさまざまな願いを満たしてくれる。
三、太陽が厚い雲によって隠されて見えなくても、雲の上では常に輝いている。そして雲が吹き払われれば、再び世界が明るくなる。それと同様に、大日如来も人の心が迷いの雲で覆われているときには見えないが、存在しないのではなく、迷いの雲が吹き払われればその光が現われてくる。そのように、大日如来は永遠不滅の命の根源である。
以上の三つの点で、太陽に似ているといわれています。

そこで、似ているというのは、同じところもあるが、実際は同じでないということですから、どういう点が太陽と同じでないかというと、
一、太陽は東から登って西に沈むが、大日如来はどこにいるか、という方角がない。方角がないから、もちろん、大小の大きさや形も影もない。

二、太陽は部分的（空間・時間）にしか、世界を照らさないが、大日如来は一切のものを照らして、内も外も昼も夜も区別しない。

この二点である、といわれています。

このうち、一の「どこにもいない」ということは、「実在しない」という意味ではなく、むしろ人々の心の迷いがなくなれば、どこにでも現われるという意味です。

しかし、わたしどもの心の迷いというものは、そう簡単にはなくなりません。生きている限り迷い悩んでいるといっても過言ではないでしょう。そこで、それではどうやって心の迷いをなくすのか、ということになります。この心の迷いをなくさなければ、大日如来はわたしどもの前に現われてこないわけですから、この心の迷いをなくすことが大日如来を見るためには先決問題なのです。

しかし、それにしても、この心の迷いを取り除く方法は、誰がどのように教えたのでしょう。それは、大日如来がこの『大日経』を説いて、すべての人々に教えられたのだと考えられます。「法身説法」（第九章を参照のこと）とは、お大師さまがいわれていることですから、お大師さまは大日如来の説法が『大日経』である、と考えられていたわけです。

神変加持

それでは大日如来はどのようにしてこの方法を説かれたかと申しますと、神変加持によって説かれたのです。この神変加持という言葉は大変難しい言葉で、この言葉を聞かれたことのある方はあまりいないと思います。ただ、加持とか、加持祈祷という言葉は聞いている人が多いでしょう。

インドから中国に密教を布教するためにやってきた善無畏三蔵というお坊さんは、その弟子一行阿闍梨と共に『大日経』をサンスクリットから漢文に翻訳し、また『大日経』の注釈書を作っています。これを『大日経疏』といいますが、この『大日経疏』の中で、「**神変加持**《しんぺんかじ》」というのはどういうことかを、詳しく説明しています。

それによりますと、大日如来の悟りは言葉によってはいい尽くすことは出来ず、心によっても量り尽くすことができないほど深遠で奥深いものである。それゆえ、この境地は如来の威神力がなければ、十地という極めて高い位に登った菩薩もそれを究めることはできず、ましてや普通の人間には思いもよらない深い境地である。そこで、仏は、かつて仏道修行の道を歩もうとしたとき立てたすべての衆生を救済しようという大悲願によって、そのような深い境地にとどまっていては人々はいつまでも救われることができないと観察し、自在神力加持三昧に入った。そして生きとし生けるもののためにそのものが喜ぶようなあらゆる姿を示し、それぞれの人々が聞きたいと思う教えを説き、それぞれの人々の心に応じたものの見方を示すのである、というのです。しかも、このような人々に応じた現われ方は、大日如来そのものを示すのではなく、またその現われる最初も最後も捉えどころがない。それはあたかも、幻術師が呪術の力によって薬草を加持し、さまざまな不思議を現じて人々を楽しませるが、加持を止めればそれらの幻はすべてなくなってしまう。それと同様に、如来の幻術も縁がなくなれば消えてしまい、機に応じて現われ、それがそのまま真実であり、そこには始めも終りもない、といわれています。

以上が善無畏三蔵と一行阿闍梨による神変加持の解釈です。この解釈は神変加持を一つの言葉として捉えていますが、『大日経』のもう一つの注釈書であるブッダグヒヤの『大日経広釈』では、神変と加持とは二つの異なる用語であるとしています。どのように異なるかというと、大日如来が姿・形を現わし説法するとき、**十地《じっち》の菩薩**以上の人々に見えるように現われるのが神変であり、それ以下の人々に見えるように現われるのが加持である、というのです。

十地の菩薩とはどのような人々であるかというと、たとえば文殊菩薩や普賢菩薩のような菩薩で、これらの菩薩たちは仏道修行において大変深い境地に到達しているので、普通の人々には見えない仏の示す不思議な光景を見たり聞いたりすることができるのです。この不思議な光景というのは、たとえば仏が眉間の白毫《びゃくごう》から一筋の光を放って、何億何千億という世界を照らし出し、それら全ての国の一々に仏がいて人々に説法している有様というような光景です。文殊菩薩たちは、これらの光景を見ることができるだけでなく、実際に仏の説法を聞くことができるわけですから、当然、仏に対して質問することも出来ます。いずれにしても、仏の神変というのは、仏に近い悟りの境地にいなければ見たり聞いたりすることはできないのです。

このような深い境地にまだ到達していない人々に対しては、これらの人々が見たり聞いたりすることのできることばや姿を示さなければなりません。それも、生きとし生けるものはすべて違ったことば、違った姿、違った心を持っていますから、それに応じて仏は違ったことば、違った姿、違った心を示すのであり、このように神変を見たり聞いたりすることのできない人々に、仏の境地を示すのが「加持」ということである、とブッダグヒヤは説いています。その場合に、地獄の衆生に対しては地獄の衆生に応じた姿を現わして、地獄の衆生が聞くことのできる真言を説き、あるいは人間の中でも極悪非道な者にはこれを降伏する不動明王のような姿と真言をもって、これに法を説くのです。

一切智智

神変加持とは以上のようなことですが、それでは大日如来はどうしてこのような神変加持をすることができるのでしょうか。

それは、大日如来の智慧が一切智智《いっさいちち》といわれる智慧であるからだと思われます。つまり、神変加持とは、すべての生命あるものの願いに応じて、大日如来がその姿やことばを現わし、生命あるものを救済することですから、これが可能になるためには、大日如来は三つの特性を持っていなければなりません。

その三つの特性とは、

第一、人々の願いが何であるかを知る智慧。

第二、その願いを知るだけでなく、その願いをかなえようとする慈悲心。

第三、それをどのようにしてかなえてやるかという手だて（方便《ほうべん》といいます）を持っていることです。

たとえば、お母さんが赤ちゃんの泣き声を聞いて、何とか泣くのを止めさせようとしたとします。ところが赤ちゃんは一向に泣きやまず、お母さんはオロオロしてしまいます。

家中の者が集まってきて、これはお医者さんに来てもらった方が良いということになり、お医者さんを迎えにやったとします。ところが、お医者さんが来て診察をしても、身体は何ともない、しかしよく調べたら、赤ちゃんの着物にトゲのある草の実がついていて、それが身体をチクチク刺したため痛がって泣いていたことがわかった、とします。

この場合、赤ちゃんの泣く原因について無知であっては、その原因を取り除くことができないので、赤ちゃんはいつまでも泣き止みません。お母さんがどんなに赤ちゃんを可愛いと思っても、智慧がなければ赤ちゃんの苦しみを取り除いてやることができない。この苦しみの原因を知る力が智慧であり、また苦しみの原因を取り除く方法が方便です。そして、大日如来はすべての生命あるものを救済する仏様ですから、すべての生命あるものの苦の原因を知っており、またその原因を取り除く方便をもっているはずです。この一切の苦の原因とそれを取り除く方法を知っている力を一切智智といい、この一切智智を持って人々を常に救済してゆく仏様が大日如来なのです。

この一切智智の現われ方が神変加持であって、大日如来の一切智智そのものは姿を現わすことはありません。何故なら、人々の悩みや苦しみはそれぞれ人によって違うし、また一人の人間でも、今日の悩みと明日の悩み、あるいは少年時代の悩みと青年時代の悩みは違うためです。それぞれの悩みや苦しみを解決するにはそれぞれの原因の除去が必要なのです。

このような一切智智のあり方を、『大日経』は虚空、大地、火界、風界、水界のたとえで説いていています。

まず第一に、虚空には何もなく、しかも全てのものを容れるように、一切智智も空でありながら全ての功徳を有している。また、虚空は無限であってその涯《はて》がないように、一切智智も無限であり無辺際である。さらに、虚空には執われがないが、一切智智も執われやはからいを離れている。このように、一切智智は虚空のようにすべての特定の様相を離れているけれども、しかも無限の人々を救済する働きと功徳をもっている。

第二に大地があるからすべての生き物は生きていくことができる。そのように一切智智の大地もすべての生命あるものの生長の拠り所である。

第三に火は一切の薪を焼いても厭《あ》きることがない。そのように一切智智の火も一切の煩悩の薪を焼いて倦《う》むことがない。また灯明は暗夜に人々の行く手を照らして無事に目的地に到達せしめる。同様に一切智智の灯明も生死の暗夜の行く手を照らし、人々を仏の光明の世界に導いてくれる。

第四に風はすべての塵を吹き払うが、同様に一切智智もすべての煩悩の塵を吹き払ってしまう。あるいは大風が吹くと雲や霧が消え、大気が澄み渡って太陽や月や星が明らかに現われてくる。そして蒸し暑さに悩んでいた人々はみな涼しさを感ずる。それと同様に一切智智の風もすべての煩悩の雲や霧を吹き払い、人々に涅槃の清涼を得させる。

第五に水が渇きをなくし、すべての生命あるものに歓びを与えるように、如来の一切智智も飢渇の衆生を満足させ歓楽を与える。

以上の五つです。

一切智智をいかにして得るか

そこで、「それでは、このような一切智智を如来はどのようにして得られたのですか。その因と根と究竟とは何ですか」と金剛手菩薩が大日如来に質問します。

これに対して、大日如来は「**一切智智を得るための因は菩提心であり、根は大悲であり、究竟《くきょう》は方便である**」と答えられます。この金剛手菩薩と大日如来との応答は大変意味が深く、弘法大師もこの三**句**（**因・根・究竟**）の法門にすべての仏教が含まれてしまうといわれているほどです。何故、この三句の法門にすべての仏教が含まれてしまうのでしょうか。仏教は仏の教えであり、仏に成る教えですから、この三句の中にいかにして一切智智を得て大日如来に成るかという教えが説かれているから、この三句の法門に仏教の根本義が含まれている、というのです。

　ここで注意しておかなければならないのは、大日如来というと、地球から一億キロ以上も離れたところにある太陽のように、われわれとは全く違った存在だと考えられますが、そうではなくて、われわれも一切智智を得れば大日如来に成ることができる、成仏できるといっていることです。つまり、仏とはわれわれ衆生と全く別の存在ではなく、われわれも悟れば仏であると考えられているのです。この点がキリスト教やイスラム教と仏教が異っている点であり、キリスト教やイスラム教は神と人とを峻別して、人は決して神になれないとしています。

　いずれにしても、密教では、われわれは仏に成れると説き、その方法が三句の法門です。その三句の法門における解答は、「一切智智を得るための因は菩提心であり、根は大悲であり、究竟は方便である」です。そして『大日経』はこの三句の法門を詳しく説いて、この教えを理解し実行すれば、すべての人々が大日如来に成ることができると教えているのです。弘法大師はこの『大日経』を最も大きな拠り所として、我が国において真言宗を樹立されたのですが、真言宗の教えの根本は、この『大日経』に説く「すべての人々が大日如来に成ることができる」ということにあります。

南無大師遍照金剛

第六章　大日如来

大日如来とは

朝目覚めたが太陽が昇っていない。

空は晴れているが、午前九時だというのに周囲は真っ暗闇で天を見上げると星だけがキラキラ輝いている。正午になっても午後三時になっても太陽は姿を見せない。そのうちに夜になり、星の位置も移っていき、再び朝を迎えるが昨日と同じように今日も太陽が東の空から昇ってこない。

皆さんはこんなＳＦみたいな光景を想像したことがありますか。

おそらくないと思いますが、もし太陽がなかったらこの地球上の生物はどうなるでしょうか。まず毎日が真っ暗闇だからほとんどまともな活動はできないでしょう。それから寒さが襲ってくるし、植物は光合成によって繁殖しているわけですから、太陽がなくなれば光合成もできなくなり、絶滅します。続いて植物の葉や実などを食している動物が絶滅し、その動物を食して生きている動物も絶滅し、ついには保存食で生活していた人間も絶滅するでしょう。

このようなことはいうまでもないことかも知れませんが、要するに太陽が無くなったら、世界中が真っ暗闇になるだけでなく、あらゆる生命が滅んでしまうということです。

このことは逆に考えれば、太陽があるからこそ、この世には明るさや暖かさがあり、また太陽のお陰であらゆる生命は生きていくことができるということを意味しています。

しかしながらわれわれは太陽がなくなったらどうなるかなどということは全く考えることなく、当り前のような顔をして朝を迎え、夜を過ごしています。

大日如来という仏はどんな仏であり、どんな姿をして、どんな働きをしているのか、これについて多くの人は知らないし、教師もこれについて教えることは少ないはずです。

ところが、お大師さまとお大師さまが開かれた真言宗にとって、大日如来はその教えの根本になる重要な仏さまです。換言すれば大日如来なしにはお大師さまもお大師さまが立教開宗した真言宗もないといってよいほど、大切な仏さまなのです。先ほどのたとえでいうなら大日如来は太陽にあたります。

大日如来はそんなに大切な仏さまであるのに、何故、一般の人々はこの重要性を認識していないのでしょうか。この理由は大きくわけて二つ数えることができます。

その第一は大日如来という仏さまが世間の太陽のようにあまりにも偉大なので、われわれ衆生にはその存在がわからない、ということです。第二は大日如来自身が自らを大日如来として表明することがないということです。お大師さまのことばでいうなら、第一を衆生秘密、第二を如来秘密といいます。さきほどは大日如来と太陽とを同じものとして話しましたが、両者は全く同じとはいえません。この世に光と生命とをもたらす点では同じですが、世間の太陽は昼間しか照らしませんし、閉めきった室の中まで光が射しこむことはありません。一方、大日如来の光は昼も夜も戸外も戸内も差別することなく、三世（過去・現在・未来）にわたって人々に光と生命とをそそいでいるのです。また、世間の太陽は見ようと思えば見ることができますが大日如来はいかなる道具を使っても見ることはできません。さらに世間の太陽は何十億年か後には大爆発をおこして消滅してしまうと言われていますが、大日如来はそのような時間を超えている存在です。

前章でもふれましたが、大日如来について以上のようなことを書いている経典は**『大日経』**です。

『大日経』は弘法大師が大和の久米寺で感得され、その真意を求めて中国に渡り、恵果阿闍梨からその法の秘密を伝授された経典です。

そのフルネームは**大毘盧遮那成佛神変加持経**《だいびるしゃなじょうぶつじんぺんかじきょう》といい、大毘盧遮那（如来）が成仏して神変して加持したところの経という意味です。そのうち大毘盧遮那の毘盧遮那とは太陽のことで、大とは前述のように、世間の太陽とはいくつかの点で比較にならないので大といったのです。

それゆえ大毘盧遮那如来は大日如来のことであることがこれで明らかでしょう。

仏教のなかで大日如来に似ている仏としては『華厳経』の毘盧遮那仏や、『法華経』の久遠実成《くおんじつじょう》の本仏があります。

これらの経典でこれらの仏達はさまざまにその功徳を讃えられますが、これらの経典はこれらの仏達が自ら説法したものではありません。これらの仏達になりかわって釈尊や菩薩達が説法したものです。これに対して『大日経』は大日如来が**金剛薩埵**《こんごうさった》に対して自ら法を説いている経典です。

大日如来の説法

『大日経』の初品である「住心品《じゅうしんぼん》」において、大日如来が無数の宝石で飾られた広大無辺な宮殿を現出し、仏のみが坐る獅子座に坐って**身語意無尽荘厳神変**を示されました。その説法の座には金剛薩埵をはじめとする十九の執金剛とその無数の眷属達、および普賢菩薩をはじめとする四大菩薩とその無数の眷属達が仏の周囲をとりまいて聴聞しています。金剛薩埵は大日如来の身語意無尽荘厳神変を目のあたりにして、仏が**身語意平等句法門**を説こうとするのであると察知して、まずはじめに仏の一切智智の功徳を讃嘆します。

それによれば仏の一切智智は大地が一切の存在者を支え持ち、しかも自らは黙しているように、大日如来の一切智智もすべての存在者を支え持ってしかも自らはそのことを黙していています。

また命ある者にとって水は命の根源であり、渇えた者が水を飲むと歓喜します。そのように大日如来の一切智智はすべての命ある者の根源であり、渇えた者をして悦楽せしめます。また火は世界中にある焚木をすべて集めてきて火がつけられるとそのすべてを燃やしつくしてしまうように、一切智智の火も人々の煩悩がどんなに沢山あってもすべて燃やしつくしてしまいます。また風が吹くとすべての塵芥をふきとばしてしまうように、一切智智の風も人々の業煩悩の塵を吹き払い清浄の世界を現出します。金剛薩埵は大日如来の持っている智慧である一切智智をこのように讃嘆した後、大日如来に質問して「このような一切智智を得る原因は何であり、このような一切智智を支えている根拠は何であり、このような一切智智の究極の働きは何ですか」と質問しました。

これに対して大日如来は「一切智智の因は菩提心であり、根は大悲であり、究極の働きは方便である」とお答えになりました。それでは一切智智の原因となる**菩提心**とは何であるかと問うと、それは「実の如く自心を知ることである」とお答えになりました。

第二章でも述べましたが、菩提心の菩提という言葉の意味は、悟りということです。それゆえ菩提心とは悟りの心ですが、菩提心にはもう一つ、悟りを求める心をも意味します。悟りを求める心は厳密には発菩提心又は発心といいます。発菩提心とは、文字通り悟りを求める心を発すことです。

それゆえ、菩提心には二つの意味があることになります。一切智智の因は菩提心であるという場合の菩提心は、両方の菩提心を指すと考えられます。何故なら悟りの心である菩提心は必ず悟りを求める心を発すことによって得られるからです。それでは悟りを求める心を発すには何が必要かというと、それは信心です。

たとえば砂漠の中である人からここを掘れば水が出るといわれて、水を求めてそこを掘ろうとする場合、その人の言葉を信じなければそこを掘るという行為は起こりません。それと同様に菩提を求める心を起こせば必ず菩提が得られるという言葉を信ずるから菩提を求める心を起こすのです。

これは人が行動を起こす前に、まず「信」が必要であることを意味しています。このことは弘法大師が『三昧耶戒序』という書物にはっきりと書かれており、それによれば「人々が悟りを得るために必要な四つの心の最初に信心がある」とされています。大日経の注釈書である『大日経疏』にも「菩提心とは白浄信心である」と説かれており、大乗仏教のエンサイクロペディアである『大智度論』にも「仏法の大海は信をもって能入とする」と説かれているとおりです。

ここで再び『大日経』における大日如来の説法に戻って、われわれはいかにすれば大日如来の悟りの智慧である一切智智を得ることができるかを考えてみましょう。金剛薩埵の「菩提（悟り）とは何か」という問に対して、大日如来は「実の如く自心を知ることである」と答えられたことは前に述べました。このことは悟りをどこに求めるかというと、結局自分自身の心に求めるしかない、つまり悟るのは他人ではなく自分であるという悟りの主体性を意味しています。

『大日経疏』ではこれを「悟りは師によって得ず」と述べています。つまり悟りとは自分が悟るのであって自分以外の一切のもの、たとえば教師や経巻その他のあらゆるものは悟りにとっての縁ではあるが因ではないということです。

もちろん仏教は縁を最も大切にする教えであり、その意味ではあらゆるものは悟りにとっての縁ですから、悟りを求める者にとって「我以外皆我が師」であることが成り立ちます。それゆえ古来の先徳達も、師や経巻だけによって悟ったのではなく、暁の明星を見て大悟し、つまずいた石が飛んでいって竹に当たってカァンと鳴ったとたんに悟りを得たなどという話もあります。

弘法大師が土佐の室戸岬で虚空蔵求聞持法《こくうぞうぐもんじほう》を修し、その満願の日に暁の明星が大師の口中に飛びこんで悟りを得たという伝説は、誰もが知っていることです。しかし悟りをどのような縁で得るにしても自分が悟るのだということには変わりがありません。これが如実知自心の「**自心**」ということの意味です。

次に「**如実知**《にょじつち》」ということについて述べましょう。

大日経では「自心に菩提を求める」という場合、その自心とは何かをひたすら追求してゆきます。ところが自心を如何に規定しようとしても、自心は常にその規定を超えてしまいます。そして最後に解るのは「自心はあたかも虚空のように、あらゆる規定を含みながらしかもあらゆる規定を超えている」ということです。

大日経ではこのように自心が虚空の如きものであると悟った時、それが菩提であるといっています。**つまり心と虚空と菩提との三つは、悟りにいたれば皆同じなのです。**それではどのようにしたら心と虚空と菩提とが同じになるのでしょうか。『大日経住心品』には、この方法が詳細に説かれています。ここではこれについてすべて述べることはできませんが、要点だけをかいつまんで述べてみます。

前述のように菩提心とは一切のものを包含し、しかもその一切のものではない虚空の如き心ですから、この菩提心に到達するためには、われわれは一切の心のあり方を知らなければなりません。またこれを知るだけではなく、これらのあらゆる心の束縛から自心を解放しなければなりません。

『大日経住心品』にはこのあらゆる心のあり方がよく分類されて順序正しく説かれています。順序正しくというのは、より低い段階の心を否定して、より高い段階の心が説かれ、更にその高い心を否定してそれよりもさらに高い段階の心が説かれていくという形のことです。

しかもそれら各段階の心は勝手に考え出されたものではなく、それぞれの時代の代表的な教説が対応しており、それ故『大日経住心品』はこのような意味では一種の思想批判史になっています。同時にわれわれがこれを学ぶことによって、われわれ自身の精神の転換と深まりとを経験することができるようになっている書物です。

その教説の批判の最後には、一切の煩悩と分別への執着を離れた**虚空無垢菩提心**《こくうむくぼだいしん》が出生し、これが大日如来の一切智智を獲得するための初心となる、と説かれています。前述の「一切智智の因は、菩提心である」とは、この虚空無垢菩提心を自心に体得した時、それが一切智智の因になるという意味になります。

大日如来の神変加持

これまでは人々が如何に大日如来の一切智智を獲得するかという方法を述べましたが、次にこれを大日如来の側から見るとどのようになっているかを考えてみましょう。

大日如来の一切智智の因である菩提心を得るためには、人々の一切の心のあり方や教説を知って、その限界を認識し、そのとらわれを離れることによって、虚空無垢菩提心に到達する、と述べました。

それゆえ執われとしての一切の心のあり方や教説は否定されるべきものでしたが、虚空無垢菩提心へと到った段階においては、それらのあらゆる心のあり方や教説はむしろ虚空無垢菩提心が成立するためのなくてはならない資糧です。

それゆえ、虚空無垢菩提心にとっては、煩悩や分別への執われはもはやとらわれではなく、むしろ虚空無垢菩提心を成立せしめているキラキラと輝く宝石です。

これを大日如来の側からいえば、それらの煩悩や分別へのとらわれはそのまま大日如来の説法であったということになります。もちろん大日如来の説法は心の働きや教説として示されるだけではなく、宇宙のありとあらゆる存在の言葉と心と身体の働きとして示されます。

これが、前述の大日如来の身語意無尽荘厳神変の意味です。ですからもしわれわれが人の心の働きや言葉や行為を通じて悟りへのきっかけを掴むならば、それは大日如来の無尽荘厳神変の一つのあらわれを見たことになるのであり、あるいは、梢を渡る風の声や沈みゆく夕陽によって悟るところがあれば、その風の声や夕陽はまさしく大日如来の無尽荘厳神変の一つに他ならないのです。

さらにこの無尽荘厳神変はなにもわれわれにとって心地よいものばかりとは限りません。ある時には自分の敵が悟りへのよすがとなり、ある時には地獄や餓鬼道の住人も悟りへのきっかけとなるのです。

そのとき大日如来は自分の敵や地獄や餓鬼道の住人となって、その姿を現わしているのです。大日経では、このような大日如来の身語意無尽荘厳神変を人々が見たり聞いたり体験したりすることができるように、**曼荼羅**《まんだら》**と真言**《しんごん》**と印契**《いんげい》とを説いています。

大日経で説く曼荼羅は胎蔵《たいぞう》曼荼羅といい、そこには仏や菩薩や天女等だけではなく、恐ろしい姿をした明王や地獄や餓鬼道の住人達も描かれており、それらはすべて仏の世界を現わしています。

そのことの意味は前述のように、あらゆる衆生が大日如来の無尽荘厳神変に他ならないからです。また真言や印契はこれら曼荼羅の諸尊の言葉と身体の真実を表現しており、大日経では曼荼羅の諸尊と真言と印契とが修行者の身語意に一体化した時、修行者はその身さながらその曼荼羅の諸尊となり、それはまた大日如来の無尽荘厳神変に参入することに他ならないと説いています。

最後に大日如来の神変加持の一つの例として弘法大師の尊崇した**不動明王**《ふどうみょうおう》について述べましょう。

前述のように大日如来は虚空の如く特定の姿・形を持ちませんから、**無相法身**《むそうほっしん》といわれます。しかしそれにもかかわらず、大日如来は一切智智を得ており、又大慈悲心を持ってすべての衆生を救済しています。しかし人々の中にはそのような目に見えない大日如来の広大無辺な働きを信ぜず、非道の働きをくり返している者達がいます。このような降伏させることが出来ない者を教化するために大日如来が教令輪身《きょうりょうりんしん》として、姿を現じたのが不動明王です。

それゆえ不動明王の青黒の身体の色は大慈悲を現わし、右手に持つ剣は大智を現わし、左手に持つ縄は大禅定の力を現わすとされています。その他さまざまな功徳が説かれていますが、いずれにしても不動明王は大日如来の意を体した如来の使者であり、この明王を信じて一体化することにより、人々はこの明王の大威力を蒙り、その願うところを実現することができるといわれているのです。

以上、大日如来と不動明王とわれわれ自身の関係を述べました。われわれは大日如来のこのような働きが宇宙に遍満し、しかもわれわれ自身の内にも遍満してわれわれを仏の世界へと導いていることを確信し、自信を持ってこの生死の大海を渡ることが肝要であると信じます。

南無大師遍照金剛

第七章　顕教と密教、どうちがうのか？

真言宗の開宗

弘法大師は、八〇六年（大同元年）中国より帰国し、その後八一〇年（弘仁元年）高雄《たかお》山寺《さんじ》においてはじめて鎮護国家の修法を勤修されました。その二年後には天台宗の開祖伝教大師最澄《さいちょう》上人に結縁灌頂《けちえんかんじょう》と胎蔵界の灌頂を授けられ、さらにその四年後、高野山に真言密教の修禅道場を建立されました。

これら一連の活動はすべて、弘法大師が中国で学んだ真言密教を我が国において宣布しようとするものであり、それぞれの活動のもつ意義はまことに大いなるものがありました。

これらの活動のそれぞれの意義について考えてみると、まず第一の鎮護国家の修法は現在でいえば世界平和や、国家社会の安穏と繁栄とを祈願するのと同様です。しかもその修法は、当時の日本仏教の宗派にはかつてなかった真言密教の教義にもとづくものでした。この修法は外見的には修法壇を築いてその上に多くの密教法具をととのえ、それらの法具を用いて行うものであり、内容的には曼荼羅の諸尊を供養しその諸尊と一体化する瑜伽《ゆが》行《ぎょう》であって、これが朝野の耳目を驚かすものとなったであろうことは想像に難くありません。

次に伝教大師等に対してなされた**灌頂の儀式**は、密教の**阿闍梨**《あじゃり》（＝**師**）である弘法大師の弟子を作るための儀式であり、最澄上人がその灌頂を受けたということは、最澄上人が弘法大師の弟子となったことを意味し、これはまた最澄上人の率いる天台宗が真言宗に大きく一歩を譲ったことを意味しました。

さらに高野山金剛峯寺の開創は、京都を遠く離れた人跡未踏の地に真言密教の修行道場・大曼荼羅界会を創建することであり、これによって名実ともに真言宗が確立したということができます。

弘法大師はこれらの諸事業をなしとげることによって、平安時代の新宗教である真言宗を力強く宣揚されたのですが、同時にこの真言宗が従来の日本の仏教と比べてどのような点で優れているかを『弁顕密二教論』という書物を著述することによって明らかにされました。『弁顕密二教論』という書名の意味は「顕教と密教という二つの教えのちがいを明らかにする論」ということです。

ここで顕教とは南都六宗および天台宗というそれまでの日本の仏教の諸宗派を指し、密教とは大師が請来した真言宗の教えを指しています。それゆえ、この『弁顕密二教論』は真言宗を立教開宗する宣言書であったということができるのです。

顕教と密教

この書物の中でお大師さまは顕教と密教とのちがいをどのように述べていられるでしょうか。

(一) 教主のちがい

第一の教主のちがいとは、顕教の教主は人々の置かれている環境や年令・能力の差に応じて化現した仏であり（これを応化身という）これに対して密教の教主は仏を仏たらしめている真理そのもの（これを法身といい、大日如来という）です。

真理そのものは普通の人には見えないし、また普通の人だけではなく仏の弟子である声《しょう》聞《もん》や縁覚《えんがく》にも見えず、さらに大乗仏教の菩薩たちにもその全体は見えず、その説法も聞こえないはずです。

これらの人々が見たり聞いたりすることができるのは、これらの人々の眼に映ったり耳に聞こえたりするものばかりですが、そのように眼に見えたり耳に聞こえたりする仏は顕れた仏であって、その仏を教主とし、その仏の教説を信奉して修行する教えが顕教になります。

具体的には、歴史上の仏である釈尊を教主とし、釈尊の教えが顕教であることになります。もちろん釈尊の教えも、釈尊の直弟子たちが結集（弟子たちが集まって釈尊の教えを記録したこと）して完成させた『阿含経』と、釈尊の教えの真意を説いたといわれる『般若経』などの大乗経典とはその内容が大いにちがっており、前者は小乗仏教の人たちが信奉し、後者は大乗仏教の人たちが信奉していました。

しかし、大乗仏教の経典も釈尊の説法を菩薩たちが聞いて、これを書き記したものである点では『阿含経』と変わりはなく、これに対して『大日経』や『金剛頂経《こんごうちょうきょう》』という密教の経典は釈尊が教主ではなく、大日如来が教主なのです。

これはそれまでの仏教にはなかった新説であって、弘法大師はこのような密教の経典の特色を明瞭に捉えて、真言密教の教主は法身大日如来であることを述べられたのです。

(二) 教法のちがい

第二のちがいは、この教主のちがいから必然的に導かれます。

すなわち、顕教の教主である釈迦如来は二千五百年前この世に現われた仏であり、その説法は小乗仏教の機根の人びとに対しては四諦八正道や十二因縁観、大乗仏教の機根の人びとに対しては縁起の法や空の教え、唯識や如来蔵の教えをもとにしていました。

これらの教えはみなそれぞれの人々の機根に応じて説かれたのですから、機根がちがえばその教えもちがったものになるのは当然でした。

たとえば頭の痛い人には頭痛に効く薬、腹痛の人には腹痛に効く薬があり、その薬はそれぞれ異なっているのと同様です。また同じ頭痛の薬でも子供と大人とでは体重がちがうから分量も、投与の回数も変えなければなりません。いずれにしても相手に合わせた薬なので万能薬ではないし、薬が合わなければ効き目もありません。それどころか間違った薬を飲んだら逆に病気が重くなってしまうこともあります。それゆえ、病に応じて薬がありますが、どの病にどの薬が効くかを判定するのは大変難しくなります。

素人療法ではダメで、どうしても専門の医師の見立てが必要であり、それも経験を積んだ良医がもとめられます。釈尊在世の当時、その良医はまさしく釈尊その人にほかなりませんでした。

しかしながら釈尊入滅後、人びとの機根に応じて法を説く仏はこの世に存在しなくなってしまいました。

したがって、人びとは釈尊の残された教えを頼りに仏道修行の道に励んだのです。

けれどもここに一つの重大な問題が起こりました。教えはことばによって説かれ、記述されたものですが、ことばは必ずしも万能ではないということです。

というのは、ふつうのことばは、そのことばが指示している対象とはちがっているからです。たとえでいえば、りんごという言葉とりんごそのものとは異なっているということです。もしりんごという言葉とりんごそのものとが同じであるなら、われわれは「りんご」といったときそこにりんごそのものが現われ出ることにならなければなりません。

同様に、悟りということばを聞いてただちに悟ることの出来る人はいません。それどころか悟りということばはむしろ本当の悟り体験を隠してしまっている、とすらいえます。というのは本当の悟りは体験した者のみがわかるのであって、その体験はことばを越えているからです。

(三) 成仏の遅速《ちそく》

さて、密教の教主が法身大日如来であり、その説かれた教説は大日如来の悟りの境地そのものであるというのが、弘法大師の顕教と密教のちがいについての教えです。

実際にはどのような意味があるかというと、顕教の教えではいつまで経っても悟りは得られないということと、密教の立場ではただちに悟りが得られるということです。

悟りを得るとは、いいかえれば成仏するということですから、顕教ではいつまで経っても成仏できないということであり、密教ではただちに成仏できるということです。

それでは何故顕教ではいつまで経っても成仏できないかというと、教えと悟りとが離れているからです。そして教えと離れているかぎり、悟りは体験できないのですから、顕教ではいつまで経っても成仏できないということになります。

それに対して密教では、大日如来の悟りとその教えとは一体ですから、その教えを実践することはそのまま大日如来の境地を体験することになります。

大日如来の境地そのものの教えとはどのような教えかというと、三摩地《さんまじ》ということです。三摩地とはサンスクリットの samādhi で、三昧ともいい、翻訳では(禅)定といいます。

厳密にいうと禅とは dhyāna で定が samādhi です。あるいは瑜伽《ゆが》ともいいますが、これは大日如来の身体と心と大日如来の教えが、修行者の身体と心とことばと一体化することです。

身体と心とことばとは、われわれ人間の三つの働きですが（これを三業という）、われわれ人間はこの三つの働きがバラバラになっており、一体化していません。このためにわれわれ人間はさまざまな苦しみや悲しみを経験するのです。

しかし大日如来はこの三つの働きが一体化しており、したがってすべてが自由自在であり大安楽の境地にあるのです。密教ではこの三つの働きが一体化していることを三密といいます。

真言密教の修行者は自己の三業を大日如来の三密と一体化する修行を行うのです。

そしてそれが一体化すれば自己は大日如来の境地と同一になるので、そこに成仏が現前します。

それゆえ弘法大師は『弁顕密二教論』において、顕教と密教のちがいの第三番目として成仏の遅いか速いかが顕密のちがいである、といわれました。

すなわち、顕教ではいつまで経っても成仏できないのに対し、密教では三密瑜伽《さんみつゆが》によってこの現生にただちに成仏するといわれたのです。弘法大師は『弁顕密二教論』ではこの即身成仏について詳しく説かれてはいませんが、のちに『即身成仏義』という書物にこのことについて有名な頌文を残していられます。

その頌文の中の一句が「三密加持すれば即疾に顕わる」というものです。

(四) 利益のちがい

以上から真言密教が、法身説法・即身成仏(第九章、第十章で詳しくとりあげる)の教えであることが明らかになったと思います。また、法身説法と即身成仏が切り離されては両方とも意味を失うことが明らかになったと思います。

これに対して顕教は応化身説法であるから三**劫成仏**《さんごうじょうぶつ》(極めて長い無限の時間修行をして成仏する)です。

それゆえ、ここから顕教と密教の利益のちがいも明らかです。顕教では極めて長い期間、一所懸命に修行しなければ成仏できず、かつ成仏できる人とできない人がいるのに対し、密教では三密加持によってただちに成仏し、しかも誰でもが成仏できるから利益は限りなく広大無辺なのです。

弘法大師は顕教と密教とのちがいをこのように説かれて、真言密教の立教開宗をされました。私はこのような教えを説かれた弘法大師とその教えに帰命します。そしてこの帰命の念を表わす言葉が「序」でも書きました**南無大師遍照金剛**ですから、すでにここまで読まれてお気付きと思いますが、私はこの言葉を文章の最後にいつも書かせて頂いています。

南無大師遍照金剛

第八章　**教相判釈**

教相判釈――さまざまな心のあり方を比較し、評価すること

平安時代に弘法大師が真言宗を開創されたとき、真言宗という宗派が、他の宗派とどう違うかということを明らかにされました。

これを専門用語では**教相判釈**《きようそうはんじやく》といって、仏教の各宗派はみなこの教相判釈を持っていたといえます。何故かというと、およそあらゆる思想、宗教はそれぞれの信奉する教義を持っていますが、その教義が他の宗派の教義と同じであっては、何も特別に新しい宗派を創設する必要はないのであって、他の宗派の教義と違っているからこそ、その宗派の存在理由があると考えられるからです。

たとえていえば、新しい会社を創設する場合も、その会社で作る製品に何らかの特色があるから、そこにこれを購入する人々の需要が集まり、その会社が発展することがあるのと同様です。これは文学や絵画、音楽などの芸術作品についてもいえることで、芸術作品の価値を決める最も重要な要素は独創性にあるといっても過言ではありません。

もちろん、新しい会社の創設や芸術作品の制作と新しい宗派の創設とは、同日の談ではありません。とくに宗教の場合、人々の心の救い、あるいは苦からの解放が問題になっていますから、新しい製品を作ったり、芸術作品を作ったりするのとは異なった側面があると思います。しかしそうであったとしても、新しい宗派の創設ということには何らかの独創性が必要不可欠であることは多言を要しないことと思われます。

しかしそれにしても、弘法大師の創設した真言宗は仏教ですから、同じ仏教のうちに何故、多くの宗派があって、それぞれの独自性を主張しているのかという疑問が残ります。同じお釈迦さまが説いた教えなのに、何故、真言宗だとか天台宗だとか浄土宗だとかという多くの宗派があるのか。そしてそれぞれの宗派が、自分の宗派が最も良い宗派だと誇っている、あるいは、それだけでなく互いに争っているとしたら、親の心子知らずで、お釈迦さまも「こんなはずではなかったのに」とお歎きになっていらっしゃることでありましょう。

釈尊の場合

実際のところ、お釈迦さまはこのような教えの優劣を競い争うことを超越してしまわれたのです。

つまり、Ａという宗教が自分の神やその教えは絶対だといい、Ｂという宗教がその信ずる神や教えは絶対だというと、絶対が二つあるはずはありませんから、Ａの神もＢの神も絶対ではなくなってしまうという矛盾に気がつかれていたわけです。

もし、このような矛盾に気がつかずに、自己の神や教義が絶対だと固執したらどうなるでしょうか。それは他の神や教義を排除してまで自己の絶対性を主張することになり、結果は武力による相手の抹殺にまで進んでいくでしょう。古来の宗教戦争や、主義主張の争いがそのことをよく証明しています。

仏教では絶対的な神をたてないといわれているのは、お釈迦さまのそのような洞見によるからです。これは絶対的な神だけではなく、自我の常住性と同一性についても同様なことが指摘されています。

われわれの日常生活は、**自我**（インドではアートマンといっています）は常に変らず、同一性を保っているという前提のもとに成立しています。というのも、もし昨日の自分と今日の自分が変っていて同一人物ではないということになれば、昨日行った行為に対してその責任を負う必要はなくなってしまうからです。その場合、たとえば昨日人殺しをした自分と今日の自分は違うということになり、昨日の人殺しに対して責任を負う必要はなくなってしまいます。これは極端な意見のように見えますが、実際、お釈迦さま以前のインドの思想家のなかには、自我の存在を認めず、そのために道徳的行為の意味を否定してしまった人たちがいたのです。彼等によれば、人間は地水火風といった四元素で出来ているだけだから、人を殺すのはその四元素の間に刀の刃が入るだけだというのです。そして自分がないのだから他人もないわけで、他人の財物を盗んでも、他人の妻と姦淫してもそれは悪をなしたことにはならないと主張しています。

このように自我の常住性・同一性を否定すると、結果的には道徳否定論にまでなってしまいます。それでは何故、彼等は自我の常住性・同一性を否定したのでしょうか。これは、当時のインドの支配階級であったバラモンの輪廻転生の思想に反抗するためであったと思われます。

当時のバラモンが唱えていた輪廻転生というのは、身体は生滅するが自我（アートマン・霊魂）は常住不滅で同一性を保っているという、身心二元論でした。この考え方でいくと霊魂は永遠に生滅を繰り返すことになり、身体の束縛から解放されることがありません。そこで輪廻転生の束縛から解放されるには身心二元論を否定する必要がありました。そのかわりとして感覚一元論や自我や霊魂を否定する唯物論が主張されたのです。

それゆえ、自我の常住性・同一性の肯定も否定も、両方の見解がそれぞれ困った結論を引き出してしまいます。すなわち、同一性・常住性を肯定すると輪廻転生の束縛から解脱できない。他方、自我の同一性・常住性を否定すると道徳が成立しない。

お釈迦さまは、このような対立する見解のどちらか一方をとるのではなく、見解そのものの相対性を洞見されたのです。これが見解の超越であり、見解の絶対性の否定、あるいは相対性の認容です。この見解の超越は別の言葉でいうと無戯論《むけろん》とか中道で、これによって一方では生死輪廻の苦から解脱し、他方、無我論の道徳否定の立場を斥けられたのです。

中国仏教の場合

釈尊入滅後、千二百年以上も経って、弘法大師が日本真言宗を立教開宗されました。その頃、仏教はインドから中国に伝わり、中国からさらに朝鮮半島や日本に伝わっていました。そのうち、インドから中国に伝わる過程で、インドでの成立時期や内容がちがった多くの経典がつぎつぎに中国に請来され、国家的な事業として翻訳されました。これらの経典のなかにはいわゆる小乗経典や大乗経典があり、大乗の経論も種々のちがった内容の経論があったのです。

これらの経論のちがいを判別する作業が行われ、これが教相判釈という形で、中国仏教の中では定着していったと思われます。このうち有名なものとしては、天台宗の五時八教説や華厳宗の五教教判があります。

一方、釈尊の悟りは教えによって伝えられるのではなく、師から弟子へと心を通じて直接伝えられるのであるという法の伝承についての考え方もありました。たとえば教外別伝、以心伝心を説く禅宗における法の伝承であり、これは厳密にいうと、釈尊の悟りは自らの修行によって悟る以外にはないという厳しい態度のことです。この場合、悟りは教えや師匠によるのではなく、自己の禅定体験のうちでのみ得られるのだという考えが見受けられ、その意味では禅宗において教相判釈は問題にならないと思われます。

他方では、厳しい修行による悟りの追求をしながらも、それが不可能な場合は仏の大慈悲の力や衆生を救済しようとする本願力に頼って、浄土往生をし、そこで如来の教えを受けて成仏しようという、浄土往生の信仰も盛んに行われました。この浄土往生の信仰は出家修行者も持っていましたが、とくに出家修行の出来ない民衆の間において盛んに持たれていました。

中国仏教の歴史のなかでは、このように大別すると三種の仏教信仰のあり方があったと見られ、それには次の三つの立場がありました。

一、仏の教説を判釈してその優劣を判定し、あるいは仏の教えを機根、つまり能力や教育環境に応じて説かれた状況を判定するという、経論を重視する立場。

二、禅宗のように教えや経典に依らないで自らの禅定体験によって悟りを求める立場。

三、浄土往生信仰のように仏の本願力に依って浄土往生を期する立場。

これらは自力か他力かという分け方でいえば、一と二とは自力で三は他力です。文字や教説に依るか否かという分け方からいえば一と三は文字や教説に依り、二は文字や教説に頼らない立場です。現世での成仏を望むのは一と二で、三はその可能性を否定しているといったことが指摘できます。

『大日経』住心品の場合

弘法大師の教判論は『辨顕密二教論《べんけんみつにきょうろん》』と『秘密曼荼羅十住心論』（以下『十住心論』）、『秘蔵宝鑰《ひぞうほうやく》』という三つの著作によって説かれました。このうち、『十住心論』はその論題の示す通り、十の住心（心のあり方）がその浅深にしたがって整然と配列された教判論です。

弘法大師がこの『十住心論』の骨格を得られたもとのお経は『大日経』の初品《しょほん》である住心品とその注釈書である『大日経疏《だいにちきょうしょ》』（住心品の注釈を『口ノ疏《くちのしょ》』といいます）です。

ここでは『大日経』住心品とその注釈を、前述の中国仏教の三つの傾向と比較しながら検討してみましょう。

中国仏教の三つの傾向は、それぞれが仏教の根本的な姿勢に関わっているものといえます。

まず教判論は釈尊の文字で著された教えをすべて把握して、しかもそれを順序だって配列するのですから、広大な理解力と深い洞察力がなければ、これをよく成しとげることはできません。

それゆえ、この立場は知力優れた者にとっての仏教理解の立場ということができます。次に禅定による悟りの追求の立場は、強い意志と弛まない精進によって達成される立場であり、第三の如来の大悲願力に自らをゆだねる立場は、純粋な信心の持ち主のよくなしうる立場であるといえましょう。

ところで弘法大師の教判論が拠りどころにしている『大日経』住心品とその注釈書には、この三つの立場がすべて含まれているということができます。

すなわち、教判論にあたるものは修行者の心の展開過程として住心品全体にわたって説かれており、この展開過程はまた歴史的に形成された諸思想・諸宗教のそれぞれに対応していますから、住心品はいわば一種の思想史であると見ることができます。

他方、客観的な思想史の様相を呈していながら、その思想史を修行者が主体的に了解していき、ついに悟りに至るように構成されていますから、その悟りの主体性の強調という意味では、全く自力による悟りであり、これをお経では、悟りとは「**如実知自心**《にょじつちじしん》」であると述べており、『口ノ疏』では、「師に依って得ず」といっています。

第三は『大日経』の全体が大日如来の大悲願力によって説かれたものであり、とくに真言や印契や曼荼羅は如来の悟りの境地そのものを表すとされていますから、これは全くの他力であり、純粋な信心の立場によらなくては近づけない境地であるといえましょう。念のために申し添えると、『大日経』に説かれる曼荼羅は**大悲胎蔵生曼荼羅**《だいひたいぞうしょうまんだら》といわれて、曼荼羅は如来の大悲願力の所生であることが明言されています。

以上の如く『大日経』には中国仏教の三つの傾向がすべて包含されているということができ、お大師さまはこのお経をもとに『十住心論』を製作されたのです。

弘法大師の場合

お大師さまの『十住心論』の構成をわかりやすく図で示すと次のようになります（『十住心論』の構成の図参照）。

図の如くですが、詳しくは第十一章にゆずり、ここでは次の四点についてだけ述べたいと思います。

（一）　世間心の中の三つの心のちがい

世間心というのは、出世間心（＝仏教）に対する普通の人々の心ですが、宗教も世間心と考えられているところが重要です。これはインドの輪廻転生思想と切り離しては考えられないことですが、輪廻転生思想では、人が死後、天国に生まれても、再び天国で死んでさらに次の世界に生まれると考えられているからです。この生死の連鎖は思い通りにならないという考えが一切皆苦の世間を指し、この輪廻転生の苦からの解放を可能にするのが仏教であり、一切皆苦からの解放だから出世間というのです。

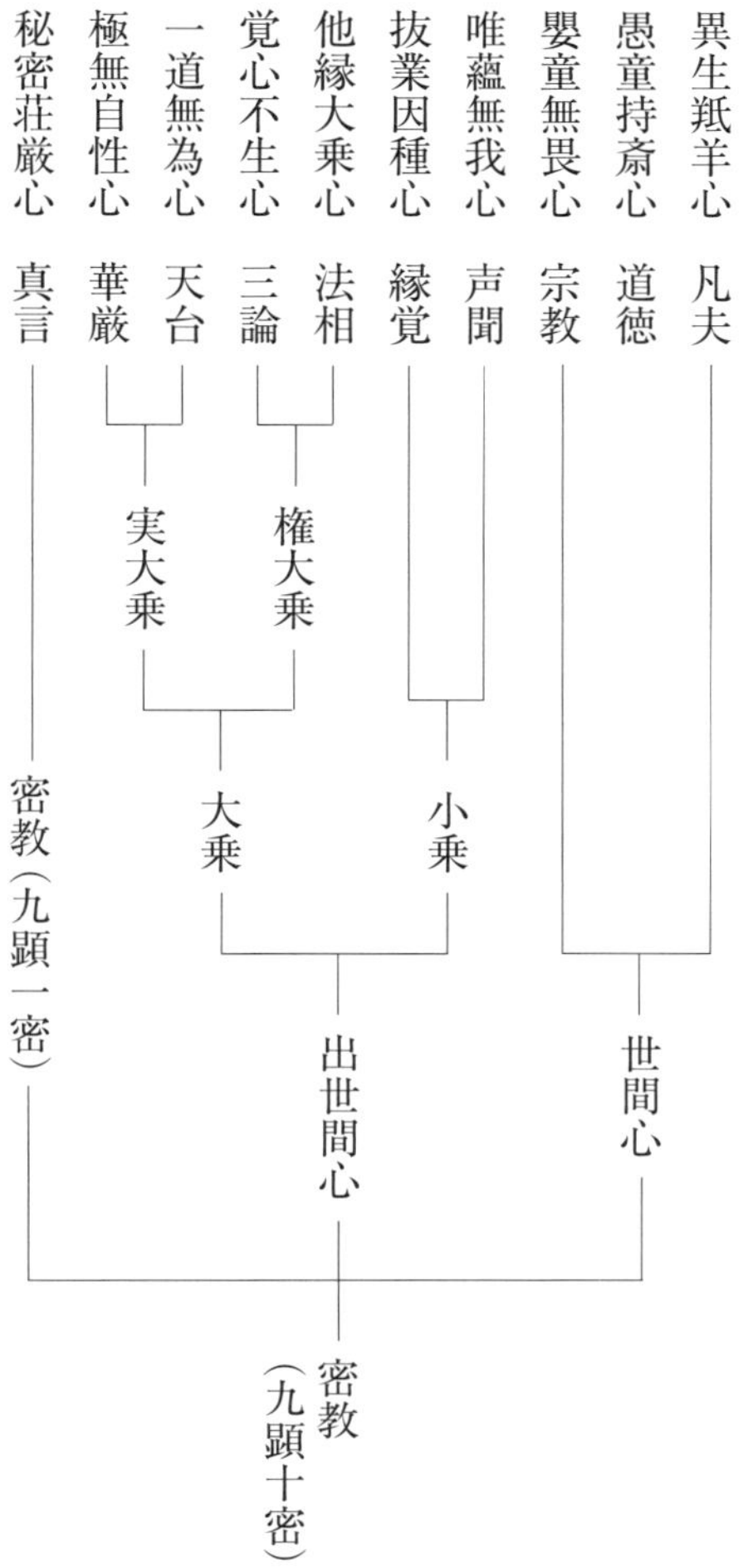

『十住心論』の構成の図

世間心は輪廻転生の心であり、これに凡夫の心と道徳の心と宗教の心とがあります。道徳的因果の法則を信じないのが凡夫の心、善因楽果、悪因苦果という道徳因果の法則を信じて実行する心が愚童持斎心《ぐどうじさいしん》。さらに現世だけの道徳的因果ではなく、来世にまで及ぶ道徳的因果を信じて実行するのが宗教の心になります。したがって宗教は道徳の基本になるのであって、宗教のない道徳はあっても、道徳のない宗教はないのです。

宗教は死後のことを問題にすると言いましたが、それでは死後身体はどうなるのかについては、二種類の考え方があります。その二種類とは砂漠地帯の宗教とアジアモンスーン地帯の宗教です。

つまり砂漠地帯の宗教は身体が乾燥しミイラになって残りますからその身体は復活すると考えています。他方、アジアモンスーン地帯では身体は消滅してしまいますから、死後の霊魂（インドではアートマン）が、男女（雌雄）の結合によって再び別の身体になって再生すると考えました。

したがって、砂漠地帯の宗教であるキリスト教やイスラム教では死後同じ身体が復活するとし、復活ののちは永遠に天国あるいは地獄で生き続けると考えたのです。しかしインドでは身体は消滅し来世は別の身体で再生する。そして生まれると必ず死にますから死んでは再生するという繰り返し（輪廻転生）をすると考えたのです。

その繰り返しの再生の形態は六道で、その中には天国が入っていますが、天国に生まれると寿命は長遠ですが、永遠ではなく必ず死んで再び六道のうちのどこかに再生すると考えました。六道は世間ですからキリスト教やイスラム教も仏教の考えからすると世間心になるのです。

（二）　世間心と出世間心

世間心の中に宗教の心が入っていて驚かれた方も多いと思いますが、その理由は（一）で述べた通りです。

問題はいかにして世間心から出世間心へと転換するかということですが、これは十住心の第四、唯蘊無我心《ゆいうんむがしん》という言葉がその解答を示しています。

すなわち、世間心から出世間心へと転換するには**我執**《がしゅう》、**我所執**《がしょしゅう》を無くさなければならないと考えられます。

これが何故であるかは、前述の釈尊の場合において若干触れておきました。いずれにしても、仏教の心というのは、世間心、つまり一切皆苦の輪廻転生の心を超えて、出世間心、つまり一切皆苦のない大安楽、大自在の境地に至ることであるということができます。

（三）　小乗と大乗のちがい

小乗と大乗とのちがいは、読んで字の如く小乗は自分だけの悟りを目指す小さい乗物の心、これに対して大乗はすべての人々とともに、大安楽、大自在の悟りの境地に至ろうとする大きい乗物の心です。仏の教えが乗物にたとえられるのは、この乗物によって生死の此岸から涅槃の彼岸へと渡ることができるからです。

（四）　顕教と密教のちがい

お大師さまは顕教と密教のちがいについて二種類の解釈があるとせられています。その一つは**九顕一密**《くけんいちみつ》といって、異生羝羊心《いしょうていようしん》から極無自性心《ごくむじしょうしん》までの九つの心と一つの秘密荘厳心《ひみつしょうごんしん》とを比較した解釈です。

第二は、**九顕十密**《くけんじゅうみつ》で、九つの顕教の心と十の密教の心のちがいについての説で、これは第一の浅略釈に対して、深秘釈といわれています。お大師さまのいわんとする心は第二の九顕十密の深秘釈にあったと考えられます。

それによれば、われわれの心は異生羝羊住心から秘密荘厳住心まで十種類に分類でき、人々の心はこのどれかに所属しているが、そこに浅深の相違があるとはいえ、深い解釈をするとすべてのちがった心のあり方は大日如来の本来平等同一な心のさまざまな現れであり、われわれの本来の心はすべて大日如来の心にほかならないということにあると考えられます。

これを別の言葉でいうならば、大日如来の心とは釈尊の涅槃の境地と同じく、**大自在**、**大安楽**の境地ですが、われわれの迷いの心も本来はこの大日如来の心と等しいのだから真言密教の真言や曼荼羅の観誦という方法によって大日如来の境地に到達し、その境地に立って自己の独自性を発揮していくべきである、ということです。

このようにして各自が大安楽、大自在の境地でそれぞれの生をつくすこと、これが弘法大師の目指された秘密荘厳の大曼荼羅世界であるということができます。

南無大師遍照金剛

第九章　法身説法

わたしたちは、やさしい言葉や親切にいかに飢えているか

昨今、いわゆる「闇バイト」などの強盗が頻発し、世相が荒れているように思います。いまから四十五年前ほどに起きた、豊田商事の事件（一九八〇年代後半におきた金の悪徳商法、組織的サギ事件）ほど、世間を震撼《しんかん》させた事件はありません。

とくに豊田商事の会長が、話題になっていた時に殺されたこの事件は、テレビ中継され、

週刊誌、新聞等で生々しく報道されましたから、全国の老若男女を驚かせました。

わたしがこの事件に対して感じたことは、〝今の日本には悪い奴が居るなあ〟ということでした。

それも普通、人が殺されたら、殺された方が同情を受けるのに、この事件の場合は、むしろ殺されて当たり前というように、多くの人々が感じていたようです。

殺人を非難した人の場合も、責任を取って後始末をさせるべき重要人物を殺してしまったという点で殺人者を非難しているのであって、永野会長を早く殺しすぎたといっているのです。つまり、永野会長は殺されるよりももっと重い罰を受けなければならないと思っているのです。

こう考えてくると恐ろしいの一語に尽きますが、虎の子の財産を紙きれ一枚で巻き上げられた人々のことを考えると、当然の意見という気がいたします。

しかしそれにしても、被害者の方々にお年寄りや主婦が多かったという事実は、この事件のもう一つの見逃すことのできない特徴だと思います。豊田商事に関する報道では当初、被害者も利殖を意図していたのだから、その責任の一端があるというような論調が見られました。

けれどもその実態が明らかになるにつれて、この事件がまったくのサギ商法であることが判明し、このような論調は影をひそめました。むしろ、このような商法を今まで野放しにしていた監督省庁に対する非難と、被害者の救済に焦点が移っていったようです。

これはこれで事態の必然的な成り行きであって、この方向でのより良い解決が期待されました。ただわたしは事件がこのような形で進展していくなかで、一つの重大な点が見落とされていたことが気がかりだったのです。

それは、お金を持っているお年寄りが人の思いやりや、やさしい言葉や親切にいかに飢えていたかということです。

被害にあったお年寄りの話を聞いてみますと、豊田商事の勧誘員が、実に親切で思いやりがあり、やさしい言葉をかけてくれたというのです。勧誘員は毎日やってきては茶飲み話をし、掃除をしたり、ご飯を炊いたり、あげくのはてには泊り込んでいくこともあったようです。

勧誘員にしてみれば当然で、タダの紙切れで何百万、何千万というお金が入ってくるのですから、信用されるためにはどんなに時間がかかっても、どんな親切をしてもその報酬を得たかったのでしょう。

問題はこういう偽りの親切や思いやりについホロリとさせられてしまう、お年寄りの孤独感にあります。それまでに家族からさえ受けなかったやさしい言葉や親切を若い女性や男性から受ける。そればかりか、自分が老後の唯一の拠りどころにしている財産を増やしてくれるという。家族や身寄りは自分の財産ばかりを当てにして、そのために親切にしたり、やさしい言葉をかけてくれるだけなのに、この勧誘員は親切なだけでなく、自分の財産を増やしてくれるというのです。何となく不安は残るが、この人こそ自分の信用できる人間だ、この人にお金を預けよう。こう考えて恐らくは全財産を預けた人が被害者の多数を占めたにちがいありません。

何を頼りに人生を生きるか

この豊田商事事件に見られるいくつかの問題は、決して被害者だけの問題ではないと思います。状況が違えばわれわれにもふりかかってくるかも知れない問題です。

何故なら、わたしたちは何かを頼りにし、何かを信じて生きていかなければならない存在だからです。

そういう存在であるからこそ、生活を可能にするお金や財産を頼りにし、あるいは人の親切や思いやりを嬉しく思うのです。ですからもしわれわれが人の親切に飢えており、お金をもっと欲しいと思っていて、たまたま豊田商事の勧誘員が来て、この願いをかなえてくれるようなことをいったら、被害者と同じように、サギに引っかかってしまうかも知れません。勿論、事件の被害者は経済的な常識がなかった人が多かったのだと思います。しかし、経済の常識がある人でも、財産や親切を頼りにしない人はいないと思います。わたしは、この事件の被害者もそうでない人も、同じ人間の弱さを持っていると見るのです。

このことに気がつかないと、被害にあわなかった大多数の人は、被害にあった少数の人たちをバカな人だといって済ませてしまうと思います。そうではなくて、自分もまた生きていくためには、財産や親切に頼っているのではないか、一体それが本当に頼りになるものか、信用できるものなのかを考えるべきです。

われわれの人生が何かを頼りに生きていかなければならないものだとしたら、一体、真に信用できるものは何か、これが問題です。

われわれ人間が生きていくためには、さまざまな条件が必要です。たとえば、この世に生を享けるには、両親という縁（条件）がなければなりません。母親の胎内から出ると「オギャー」と産《う》ぶ声を高らかにあげて、空気を一杯吸い込み、これによってはじめて独立した一個の生命が誕生したことになります。この空気（酸素）を吸うということは、われわれの一生を通じて絶え間なく行われ、死の瞬間は「息を引き取る」といわれるように、呼吸が停止することであると考えられます。

死の瞬間をどう判断するかは、脳死・臓器移植の問題とからんでさまざまな議論がありますが、ここではわれわれが生きていく条件として呼吸しなければならないということを指摘したまでです。

インド人は釈尊よりも前の時代から、呼吸する（アートメン）ということと自己・命（アートマン）ということを同じものと見做していた形跡があります。

つぎに、身体を維持し成長させるには食事をとらなければなりません。また外気の変化（寒暑）から身を守るためには衣と住とが必要条件ですから、衣食住というものも我々の生きていくための必要条件（縁）であることがわかります。

もちろん、人間として成長していくためには、これだけでは不十分で、両親の愛情と養育、幼稚園や学校における教育、社会における生産活動等のためのポスト、さらに社会全体の政治・経済・文化の機構がわれわれの人間的生存のための必要条件です。そして、これらの人間社会を支えているのは自然であり、地球であり、太陽であり、あるいはそれらの運行を可能にしている全宇宙空間です。

われわれが生きていくための必要条件とは、以上のような、それがなければ生きていけないものということです。ですから、今あげたもののうちのどれ一つを欠いても、われわれは人間的生存が出来なくなってしまうでしょう。逆にいうと、それ程さまざまな条件

（縁）によって生かされているということになります。

いいかえれば、われわれは自分だけで生きているようなつもりでいるが、考えてみれば、自分は自分から生まれたわけではないし、空気や食物を自給自足できるわけではなく、ましてや社会や自然や宇宙は自分がつくり出したものではなく、むしろそれらが自分を生かしているということです。

ただし、両親や空気や食物や社会は、われわれ一人ひとりにとっての必要条件であったとか、必要条件であるということを教えてくれませんから、われわれは自分だけの力で生きているのだと思いがちです。

生まれたときから呼吸している空気にことさら感謝してみたところで変り者と思われるくらいが落ちだ、ということになります。

ましてや、衣食住や社会的ポストや財産や家族は、空気や太陽のようにタダで手に入らないもので、われわれ一人ひとりが努力をして手に入れたもので、その努力の報酬であって、これらに感謝するという気持はあまり起こってこないものです。

それどころか、自分はこれだけ働いたのにこれしか報酬がないとか、自分に対する家族の感謝の念が足らないとか、さまざまな不満を持ったり、その不満を誰かにぶっつけたりする始末です。

この不満から、さまざまな家庭騒動や社会的な諸事件が起こってきます。いや、事件だけではなく、社会活動そのものが、人間の欲求を満たそうとして生み出す複雑で巨大な機構なのです。そして欲求の異様な追求や、不満の異様な爆発が家庭や学校の事件、社会の諸事件であるといえます。

二つの生き方

これまでに見てきたように、自分のいのちも身体も生活も、何ひとつとして自分でまかなえるものはありません。必ず自分以外のものから受けとり、あるいは与えられて生きているのです。

われわれはそれほどまでに頼りない存在です。自分以外の他の存在に依って生きている、あるいは生かされている**無常な存在**です。

われわれを生かしている条件が一つでも欠ければ、われわれは生き長らえることができないから、無常である、というのです。

ですから、条件（縁）的な存在は無常な存在であるといえます。条件に依ってある存在は、条件がなくなれば滅してしまうからです。

ところが、前にも述べたように、われわれは自分が徹頭徹尾、条件的な存在で、無常な存在であることに気がついていません。それどころかむしろ、自分がすべてであり、自分の力で自分の欲望を満足させているのだと錯覚しています。

仏教ではこれを**顛倒**《てんどう》といいます。顛倒とはひっくり返しということです。見方がさかさまである。ないものをあるといい、あるものをないといったら、これは顛倒です。たとえば、夢の中で熊に追いかけられたり、美女を追いかけたりすることがあります。そのとき、熊や美女は実際にはいないのに、夢の中ではいると思っている。いないのに実在すると思って汗をびっしょりかいて、熊から逃げまわったり、美女を追いかけたりしています。

われわれも、もし条件に依って生きている頼りない自分、無常な存在である自分に気がつかないで、その逆のことをしているならば、これは顛倒であり、夢を見ているのと同じであるというのです。

ですから、ここにもう一つの生き方が示されています。それは顛倒や夢想のない真実の生き方です。今までの見方をひっくり返せばよろしい。あるいは夢から醒めればよろしい。これはそれほど難しいことではないのであって、自分が条件（縁）によって生かされていて、自分の力などはどこにもないということを覚ることです。これが仏教でいうところの**空**《くう》を悟るということです。

空というと、何もないことだと思っている人や、ニヒリズム（何でも否定してしまう否定主義）だと思っている人がいます。

けれどもこれは誤った考えで、空の体験とは、むしろ自分が生かされてあることに絶えず感謝していくことです。自が他の存在によってあるということの体験が空の体験ですから、自分以外のものの力を自分に感得するのです。

自分以外のものの力とは、自分以外の一切のものの力ですから、小川のせせらぎであろうと、道端に咲いている小さなスミレの花であろうと、今朝の一杯のみそ汁であろうと、あるいは雄大な大自然も太陽もキラめく星も、すべてが已れを生かしている存在です。

これらのすべての存在が、それぞれ一つ一つの生命をつくして、わたしたちを生かしているのです。

これらすべての存在は、生れかつ死ぬという繰り返しの中で、今のこの一瞬一瞬にわたしどもの生命にかすかに、あるいはビンビンと響いて、わたしの生命の竪琴《たてごと》を鳴らしています。

朝の一杯のみそ汁が、わたしの全身に浸透し、わたしの一日の活力となる。しかも今朝のみそ汁は、わたしの長い人生の中で、これ一度しかないみそ汁である。みそ汁だけではありません。われわれの今日一日に出会う出来事や人びとは、われわれの人生の中でたった一度しかない出来事であり、人びとである。たとえ明日同じ人に出会ったとしても、それを同じだと見るのではいけません。その一日一日、その瞬間瞬間が一度しかないと思うと、その一日、その瞬間が限りない価値をもってわたしどもの前に現われてきます。**一期《いちご》一会《いちえ》**ということです。

ですから、ここに二つの違った人生、生き方があるのがおわかりだと思います。一つは自分中心にすべてを見ていく生き方であり、もう一つは、自己を無にして生かされていることに感謝する生活です。

法身説法

お大師さまの説かれた教えの中に、**法身説法《ほっしんせっぽう》**があります。

お大師さまは、真言密教が他の仏教宗派の思想と異なる点を四つ挙げて、密教の特徴をお教えになりました。第七章でも述べましたが、その四つとは、

一、**教主のちがい**。

二、**説法のちがい**。

三、成仏の遅速のちがい。
四、利益のちがい。

です。


これまでにお話ししてきたことは、第二の説法の違いに関係しています。つまり、真言密教以外の仏教の他の宗派（これを密教に対して顕教といいます）では、仏の悟りそのものの境地（法身）は説くこともできないし、見ることもできないと考えました。

ところが、お大師さまは、密教ではこの法身が永遠に法を説いているといわれたのです。それでは法身大日如来は、どのような言葉でこれを説かれているかというと、真言によって説かれているのです。

ただし、真言を聞いたり唱えたりしても、勿論、それだけでも大変な功徳がありますが、さらにこれによって前述のような感謝の生活ができるならば、その功徳も一層深まるということができます。

そのためには、我執を捨て無私、清浄な心になって真言をお唱えし、あるいはお大師さまの御宝号をお唱えすることが肝要です。これが本当の信心であって、信心とは、われに対する執《とら》われを捨てることです。

そして我を生かしている大いなる法身の説法に耳を傾け、その働きに感謝することです。わたしどもがお大師さまを信ずるのは、お大師さまが説かれた密教の教えを信ずるからです。その教えがわたしどもをかぎりなく救ってくださるからです。

法身説法は、その教えの中でも最も素晴しいものの一つです。

それゆえ、この教えをよく理解して、迷いの生活ではなく、目覚めた生活、法身の説法に耳を傾ける生活を送りたいと思います。

南無大師遍照金剛

第十章　即身成仏

前章で述べた法身説法は、お大師さまが著した『弁顕密二教論』における教主とその教えに関係していました。この章では顕密の違いの第三である成仏の遅速についてやさしく論じてみます。

成仏と往生

ふつうの人に、**成仏と往生**とはどうちがうか、同じか、と聞くと、たいてい同じだと答えます。たしかに、ある人が亡くなったとき、「あの人も成仏したか」という場合と、「あの人も往生したか」という場合とは、「あの人も亡くなったか」という意味であって、成仏と往生とは同じ意味だと思われています。つまり、成仏も往生も人が死ぬことに関係していて、生きている人の問題ではないと見るのが一般の常識です。これは「ホトケになる」とか「ホトケが浮かばれない」などという言葉でも同様であって、この場合、ホトケとは死者を意味するのが普通です。はなはだしきにいたっては、「オシャカ」という言葉は「ダメになる」、「壊れる」という意味であって、仏教の開祖であるお釈迦さまのことではありません。

ところが、この一般の常識とはちがって、仏教で成仏という場合は、生きているわれわれが悟るということであって、悟るということは肉体の死を意味するのではありません。もともと、**仏とか仏陀**とかいう言葉は、インドのサンスクリット語で、悟った人という意味であって、これは二千五百年前のインドに実在した**釈尊**のことを指します。つまり、釈尊が出家・修行して、生老病死の一切の苦より解脱したこと、および解脱する方法を悟ったから、釈尊が悟った人であり、仏陀であるということになったのです。

そこで、悟ることが仏陀に成ることであるから、これが**成仏**であり、また成道《じょうどう》とも成等正覚《じょうとうしょうがく》ともいうのです。

また、釈尊は一切の苦から解脱されたから、完全な安楽の境地に到られたのであり、この完全な安楽の境地を涅槃《ねはん》といいます。

ついでに述べると、この涅槃という語も、成道と同じく一般では死んでから行くところと考えられており、以前、ある俳優が自殺したとき、彼の遺書に「涅槃で待つ」という文句があったのを覚えていられる方もあるでしょう。彼は、涅槃というのは死んでから行くあの世のことであると考えていたのです。

ところが、釈尊は二十九歳で出家し、三十五歳で成仏し涅槃を体得し、その後八十歳まで説法利生の活動を続けられたわけですから、成仏も涅槃も死ぬことでないことは、これでわかると思います。

しかし、それでは何故、成仏とか涅槃が死ぬことと同じだと考えられたかを反省してみると、三つの理由が考えられます。

第一は、成仏、つまり悟りをひらくことが、ふつうの人間（衆生とか凡夫という）とは別の存在になることだから、その意味ではふつうの人間としては死んでしまったようなものであり、この点で成仏とは死ぬことだとカン違いされたのです。

第二は、平安末期から鎌倉時代にかけて、浄土往生の願いがさかんになりましたが、この往生とは文字通り死んでから極楽浄土などに往くことであり、死ぬことを意味するので、これが成仏と混同されました。

そして第三に、成仏と往生とが異っていることを明確にすべきはずの僧侶が、一般の人に対してそういう教育をないがしろにしたからです。

しかしながら、仏教の常識からいうと、これまで述べてきた通り、往生と成仏とは違うのであり、往生は死んでから往くことであり、成仏は生きているときに悟ることです。

勿論、生きているうちに悟れない場合は、極楽世界なり、密厳仏国なりに往生して、つまり死んでから仏の国に生れ、そこで仏に導かれて修行し成仏することになります。この場合でも、成仏とは極楽世界に生きているから出来るのであって、極楽世界で成仏して永遠の生命を獲得する（＝成仏する）ということはあっても、極楽世界で再び往生することはあり得ません。

浄土教の教え

浄土教にとって現世での成仏はどうなっているかというと、現世での成仏はこの末法の世にはあり得ないという認識があります。

末法の世とは、釈尊滅後千五百年経つと、人間の機根が劣ってきて、釈尊の正しい教えは理解されなくなり、正法が破滅して世の中が乱れるという思想であり、我が国では丁度平安末期がこの末法の世の到来と考えられていました。おりしも平安末期から鎌倉期にかけては、まさに末法の名にふさわしい動乱の時代であり、この中で法然上人や親鸞上人の浄土教が人びとの心をとらえたのです。それゆえ、浄土教では現世での修行や成仏は不可能であり、ただ阿弥陀如来の本願を信じて念仏を唱え、浄土に往生することのみを頼みにすることを強調し、従来の仏教の成仏のための修行は難行門であるとして斥けられてしまいました。

それゆえ、浄土教の場合、浄土往生のみを説くように見えますが、その前提として、現世を穢土《えど》とし、しかもその穢土における修行成仏は不可能であるという認識をもちます。むしろ、穢土であればあるほど、穢土を厭離《おんり》して浄土を欣求《ごんぐ》する念が強まるから、この厭離穢土、欣求浄土が浄土教の宗教的生命を支えているのです。

それでは、浄土教の場合の安心はどこにあるのかというと、浄土往生が信じられるから、現世で安心して生きていけるということになります。しかし、死後の浄土往生や阿弥陀如来の本願が信じられなければ、安心できません。

親鸞上人は、本願を信じられない人間さえも阿弥陀如来は救って下さるから、われわれが信じようが、信じまいが、弥陀の救済にはかかわりないといって絶対他力の教えを説きますが、これは宗教的信のパラドックスの極致であるにも拘らず、これを徹底させると、本願や信心もどうでもよくなってしまうことになるでしょう。

三劫成仏と即身成仏

往生というのは、現世で成仏できないから死後仏の国へ往ってそこで生れ、その仏の国で仏の説法を聞いて成仏することを意味しました。

それゆえ、往生というのはキリスト教などでいう昇天とは異なります。昇天とは死後神の国へ行き、そこで永遠の生命を与えられることです。

ただし、永遠の生命を与えられるには条件があって、少くとも次の三つが信じられなければなりません。その三つとは、イエスが神の子であること、イエスの贖罪による人類の救済、およびイエスの復活です。これら三つを信ずる者は救われるのですが、この救われるというのは死後人間として天国に生れることを指します。人間としてというのは、天国に生れてもそこで神になることはないからであって、この点で浄土に生れて修行し仏になるとする浄土教とちがっています。

つまり、仏教の場合、最終目標は衆生が仏になること（成仏）ですが、キリスト教などの宗教では、人間が神になることは絶対にあり得ないとします。

このように説く理由は、仏教では衆生が仏に成ったからであり、キリスト教の場合は神が人間を創造したからです。

キリスト教の場合はさておき、仏教の最終目標が成仏にあるとすると、この成仏の方法と時間および仏とは何かということが問題になります。浄土教は、これを死後の問題としてまったく考えることをやめてしまったのですが、本来の仏教はまさにこのことをこそ問題にしていたのです。そして、これらの問題に対する解答の歴史が仏教の歴史であったといっても過言ではありません。

実はこの即身成仏という思想が形成されたのは、釈尊の時代から千三百年も経った後のことでした。

それゆえ、この思想について語ることは容易でありませんが、振り返ってみると、生死輪廻の苦から解脱涅槃された釈尊が、自らと同様、すべての人びとが生老病死等の四苦八苦から解脱涅槃することを目的としていたと考えられます。

もしそうであるなら、釈尊はこの現世において人びとの解脱涅槃を願ったのであって、来世におけるそれを説かれたのではありません。それゆえ、**弘法大師の即身成仏思想**は、まさに釈尊の本懐を再現したことを意味し、仏教の根源的問題に対する解答であったということになるのです。

そこで、即身成仏という思想が何に対して説かれたかというと、これは主として三**劫**《さんごう》**成仏**《じょうぶつ》という思想に対してです。

主としてというのは、別に**即心成仏**という思想もあって、即心成仏に対しても即身成仏ということが説かれたとみなければならないからです。

しかし、心と身とは同じであるという考え方にたてば、即心成仏と即身成仏とは強調の差とみてもよいから、ここでは三劫成仏に対する即身成仏について考えてみます。

三劫成仏の三劫とは、三大阿僧祇劫《さんだいあそうぎこう》の略であり、阿僧祇とは無数という意味、劫とは無限に近い時間を意味します。

それゆえ、三大阿僧祇劫とは、要するに無限の時間ということであり、三劫成仏とは無限の時間をかけて成仏するという意味です。

無限の時間をかけて成仏するとは、永遠に成仏しないということと同じですから、三劫成仏とは永遠に成仏しないという思想です。

このような思想は仏教の目標が成仏であるとすることに矛盾していると思うでしょうが、もともと三劫成仏という思想が現われたのは、すべての衆生を救済するまで成仏しないという菩薩の誓願とかかわっています。衆生は永遠に尽きないから、菩薩も永遠に成仏しないという崇高な精神がこの三劫成仏の思想の背景にはあるのです。

しかし、別の面から見ると、三劫成仏とは、永遠に成仏できないともとれるから、釈尊説法の本懐にもどれば、永遠に成仏できないのはおかしい、と考えられることになるでしょう。

真言密教は、この大乗仏教の菩薩道に対して、果敢にも現世において成仏できるのだと説いたのであって、ここに大乗仏教から秘密仏教へと転換が行われた重要なポイントがあります。

しかし、それでは如何にして現世において成仏できるか、あるいは何故それが可能か、ということが次の問題になります。

即身成仏はいかにして可能か

ここでは、即心成仏と即身成仏ということが論じられなければなりません。

まず、即心成仏ですが、この思想が説かれてくるのは、真言密教の最も重要な経典である『大日経』住心品です。もっとも住心品そのものに即心成仏という語はなく、その注釈書である善無畏・一行の『大日経疏』に明確に説かれています。それによれば、『大日経』

の中に出てくる三劫成仏という言葉を解釈するには、浅い解釈と深い解釈とがある、といいます。

そのうち、浅い解釈とは、三劫成仏の三劫を前述のように無限の時間とする解釈です。この解釈では、経の三劫成仏とは文字通り三劫という時間を経て一切智智を獲得し、この一切智智を獲得することがすなわち成仏であり、修行者が大日如来と成ることを意味します。

しかるに、深い解釈によれば、三劫の劫とは時間ではなく、**妄執**《もうじゅう》、つまり心のとらわれを意味します。それゆえ三劫成仏とは、**三妄執成仏**であり、これは三つの段階の心のとらわれを離れれば成仏するということになります。この三つの段階のとらわれをこの生の間に離れれば、現世に成仏することができる、というのです。

それでは三つの段階のとらわれとは何か。

第一段階のとらわれは我執である。

第二段階のとらわれは法執である。

第三段階のとらわれは無明執であるといいます。

そして、これらのとらわれを離れたとき、三妄執を超えて自心と虚空と悟りとが一体となり、これが即心成仏だ、とされます。この即心成仏は、従来の仏教用語でいえば、空の体験であり、**無分別智**《むふんべっち》の獲得です。この無分別智の獲得を従来の仏教では菩薩の初地としましたが、密教ではこの初地がすなわち究極の仏地であるとしました。

何故かというと、この無分別智においては、初めと終り、手段と目的、修行と悟りとが等しくなってしまうからです。そこではまた、とらわれを悟り、生死と涅槃とがたがいに等しくなってしまいます。だから、そこでは菩薩と仏が等しいだけでなく、三界六道の一切衆生が菩薩や仏と等しいということになるのです。

『大日経』では、これを一**切法自性平等無畏**（＝一切の存在するものが本来すべて平等であることを悟って、何ものにもとらわれず、恐怖を抱くこともない境地）と表現しています。

以上が『大日経』住心品および『大日経口疏』に説かれた即心成仏ですが、即心成仏は大乗仏教の極致であるにも拘らず、まだ真言密教の神髄であるとはいえません。

前に、即心成仏と即身成仏とは、心と身が同じであるなら等しいといいましたが、密教は心を身として、あるいは**身口意**《しんくい》として捉えます。しかも、住心品においては自心の成仏が問題でしたが、『大日経』第二品以下は自己のみならず、他者の成仏が問題になります。

そして、身口意の三つの働きと他者の救済とを結びつける思想が**三密瑜伽**《さんみつゆが》といわれる密教独自の修行法であり、この三密瑜伽によって即身成仏が可能となるのです。この場合、三密とは真言と印契と曼荼羅によって表象されており、それぞれの仏の世界をあらわしています。

瑜伽とは、一体化するという意味であり、行者と仏とが一体化することです。何故、一体化するかというと、真言などが持っている不思議な力と行者の**禅定力**とが相応するからです。

弘法大師は、これについて『般若心経秘鍵』の中で、

真言は不思議なり　観誦すれば無明を除く　一字に千理を含み　即身に法如を証す

といわれていることは先述の通りです。

わたしどもがお唱えする「南無大師遍照金剛」も、この真言であって、これをお唱えすることによって、お大師さまの誓願とわたしどもの願いとが一体化し、その願いが成就していくのです。

そして、ついにはお大師さまが実現された即身成仏をわれわれも実現することになるのであり、このとき、現実の世の中がそのまま仏の国と化することになります。そして、現世が仏の国となれば、来世が仏の国とならないことがどうしてありましょうか。それゆえ

大師は、同じく『般若心経秘鍵』に、次のようにいわれます。

夫れ仏法遙かに非ず　心中にして即ち近し　真如外に非ず　身を捨てていずくにか求めんと。

南無大師遍照金剛

第十一章　十住心思想

十住心思想とは何か

お大師さまの教えのなかで、もっとも根本的で深遠な思想として、十住心の思想があります。

これまで、法身説法（第九章）・即身成仏（第十章）についてお話ししてきました。これらもお大師さまの教えの真髄であり、かつ世界の思想宗教の中でも類を見ない独創的な思想です。

しかし、即身成仏や法身説法の思想は、お大師さまの思想全体を一本の樹木に喩えると、あたかも大きく成長した樹木に咲いた美しい花の如きものです。

他方、十住心の思想は、この樹木が種子から次第に成長してついに大木になり、花が咲いて実をつけるまでのすべての過程を説いている、ということができます。したがって、わたしどもは、この十住心の思想を学ぶことによって、お大師さまの到達された即身成仏・法身説法の境地に到ることができるのです。

十住心思想を別のたとえによって説くと、これはあたかも人が高い山に登るようなものです。すなわち、十住心の最初の心は高い山の麓にいる人の心、第二住心は登山口にいる人の心、第三住心から第九住心まではそれぞれ下から上に到る山道の途中にいる人の心、第十住心がついに山の頂上にたどりついた人の心と考えることができます。

このたとえによってもわかるように、十住心の「**住心**《じゅうしん》」とはわれわれの心のあり方です。また十とはわれわれの心のあり方を大きく分類したときの数です。お大師さまは、この十住心によって、われわれの心のあり方を大きく分類され、これら十の心のあり方を、より低いあり方からより高いあり方へと配列し、最後に第十番目の心のあり方として真言密教の究極の世界を指し示されたわけです。

それゆえ、別の見方でこの十住心の思想を見ると、われわれの心はこの十住心のうちのどれかにあてはまっているということができます。その意味では、この十住心の教えは、自分がいまどの段階の心のあり方でいるかを教えてくれるハカリの目盛りであるということができるわけです。

以上をまとめると、お大師さまは、人間の心のあり方がその人間のあり方であると考えられており、しかもその心のあり方には大別して十の段階があり、この十の心のあり方について説いたものが十住心の思想です。

人間の心のあり方がその人間のあり方であるという教えは仏教の根本思想です。たとえ大臣でも大金持でもその心が何かにせめさいなまれているなら、その人は地獄にいる人であり、他方、ヒラ社員や無一文の人でも心がゆったりと落ち着いて穏やかなら、その人は極楽の住人であるというのです。たしかに、どんなにお金があっても、もっと欲しいと思っている人は現在の財産に満足していないのだから貧しい人であり、逆にどんなにお金がなくてもそれで満足している人は豊かな人といえます。

もちろん、これは日常の衣食住に不自由がない上での話で、〝武士は食わねど高楊子〟式の精神主義ではありません。

十住心思想の由来

弘法大師はこの十住心思想を何のヒントもなく全く独創的に考え出されたのかというと、そうではありません。

十住心という名称や、十種の住心の名称およびその内容のもとになったお経は『大日経』であり、とくにこのお経の第一章「住心品」が、大師の十住心思想を形成した源泉でした。お経だけでなく、このお経の解説書である『大日経疏』という書物も、十住心思想の重要な源泉です。

実はこの『大日経』というお経は、『金剛頂経』とならんで、真言密教のもっとも大切なお経であり、真言宗の人たちはこの二つのお経を両部大経と呼んで尊崇しています。弘法大師が入唐求法された動機も、この『大日経』を大和（現奈良県）の久米寺で感得されるも、その意味がわからなかったので、これを理解するためであったといわれています。

いずれにしても、十住心思想の源泉は『大日経』『大日経疏』にありますが、さらにこの『大日経』自体の成立の事情を探っていくと、このお経は仏教思想成立史における最後の段階に成立したお経であることがわかります。

これが何を意味するかというと、『大日経』は釈尊以来の仏教の諸思想をすべて統合統一してできあがったお経であるということです。釈尊の仏教は釈尊滅後、時代を経るにしたがって次第に変遷してきたのであり、その変遷には大別して小乗教と大乗教の違いがあり、また小乗教の中にも声聞乗・縁覚乗の違い、大乗教の中にも中観仏教や唯識仏教の違いがあります。これらの違った教えは、前の時代の思想を後の時代の思想が批判したり補完したり総合したりして成立したものです。

最後に成立した思想が最も総合的であることはいうまでもなく、この役割を担ったのが『大日経』だったのです。それゆえ、『大日経』にはそれまでの仏教思想がすべてとり込まれて、これらが総合的にしかも段階的に説かれているのです。

『大日経』の特徴はもう一つあり、それは、仏教以外の諸思想と一般の人々のさまざまな心のあり方をもこの総合化の中にとり込んでしまったということです。

このことによって、われわれは『大日経』を勉強すれば、すべての人びとの心のあり方と仏教のあらゆる教えのあり方とを知ることができるようになりました。それゆえ、『大日経』を読めば人間の心のあらゆるあり方がわかると述べた意味が明らかになったことと思います。

このようにしてすべての心のあり方について知るならば、自分が今どのような心でいるかを知ることができるわけであり、これによって悪い心は改め、良い心は育てることができるようになるでしょう。さらに良い心が育つことは、それだけ仏の世界に近づくことですから、この『大日経』住心品を学ぶことによって、われわれは仏の世界に近づくことができるわけです。

もし完全に仏の心になればそれが成仏であって、われわれ自身がこの現世において仏に成るのです。

『大日経疏』という書物では、この成仏を即心成仏といっています。つまり、心が仏に成れば、それが成仏であるというのです。お大師さまはこれを「迷えば衆生、悟れば仏」といわれています。また、即心成仏ではなく、即身成仏といわれて、現世にこの父母所生の身に成仏することこそ重要である、と強調されました。この即身成仏が即心成仏の延長線上にあることはいうまでもありません。

つまり、心が成仏すれば身体が成仏するとしたわけであります。

以上で、弘法大師の十住心思想の源泉が『大日経』住心品にあり、この『大日経』住心品は人間の心のすべてのあり方を説くことによって、即心成仏を目指したお経であることがおわかりになったことと思います。

十種の住心の名称とその配列

別表に示した構成図と重なりますが、その十種類の心のあり方とは、次のような順番です。

第一　異生羝羊心《いしょうていようしん》
第二　愚童持斎心《ぐどうじさいしん》
第三　嬰童無畏心《ようどうむいしん》
第四　唯蘊無我心《ゆいうんむがしん》
第五　抜業因種心《ばつごういんじゅしん》
第六　他縁大乗心《たえんだいじょうしん》
第七　覚心不生心《かくしんふしょうしん》
第八　如実一道心《にょじついちどうしん》
第九　極無自性心《ごくむじしょうしん》
第十　秘密荘厳心《ひみつしょうごんしん》

これらの住心の意味については、のちに詳しく論ずるとして、これらの配列の順序が何を基準にしているかを簡単に述べると、別表に掲げるようになります。

お大師さまはすべての心のあり方を十種類に分類し、これら十種類の心のあり方をまず大きく、顕教と密教とに分けられました（①）。

次に、②の区別は、世間心と出世間心の区別です（第八章参照）。

つぎに③の区別は、世間心の中で第一**異生羝羊心**と第二**愚童持斎心**・第三**嬰童無畏心**がどのように違うかということです（第八章参照）。

第一住心は因果を知らない人びとの心であり、第二・第三住心は因果の道理を知って自らの行動を律していく人びとの心です。

異生羝羊心とは、我々が感受する苦楽には必ず因縁があり、苦楽はその果報であることを知らない人の心であるといえます。

繰り返しになりますが、病気を例に説明します。たとえば風邪で熱が出たり、あるいは胃潰瘍のために苦しくなります。したがって、苦しさや痛さには必ず原因がありますから、その苦しさや痛さを取り除くためにはその原因を取り除かなければなりません。胃が痛いからといって痛み止めの薬だけ飲んでいたのでは胃潰瘍は癒らず、翌日はもっと痛みがひどくなるでしょう。つまり、胃潰瘍をなおさなければ痛みはなくなりません。それには胃潰瘍をなおすための薬をお医者さまからもらって飲むか、手術によって潰瘍の部分を切除しなければなりません。いずれにしても、医師による適切な処置と本人の節制によっては

［表］

1 因果を知らない凡夫
2 現世の因果を知る道徳の人
3 来世の因果を知る宗教の人
4 無我の理を観ずる声聞乗の人
5 十二因縁を観ずる縁覚乗の人
6 人びとの救済に励む法相宗の人
7 心の不生を覚る三論宗の人
8 主観・客観の対立を離れた天台宗の人
9 究極のさとりに向ってさらに一歩を進める華厳宗の人
10 秘密の宝の庫を開く真言宗の人

③（世間心）
④
⑥（小乗）
⑧（権大乗）
⑨（実大乗）
⑦（大乗）
⑤（出世間心）
②（顕教）
①（密教）

じめて胃潰瘍がなおり、胃の機能が正常に回復して胃痛や不快感が消えます。

この場合、もし胃痛の原因が胃潰瘍にあることを知らないで、痛みどめだけを飲んで不節制を重ねていたらどうなるでしょう。胃潰瘍はもっと悪くなり、ついには命を落とすことにもなりかねません。このように、苦楽には必ず原因があり、また苦（たとえば胃潰瘍）の原因は悪業（たとえば暴飲暴食）であり、楽（たとえば健康な人生）の原因は善業（たとえば節制）であることを知らない人が、因果を知らない異生羝羊心ということになります。異生とは三界（欲界・色界・無色界）六道（地獄・餓鬼・畜生・人・天・修羅）のいずれかの世界にさまざまに異なった生存を受ける衆生という意味であり、羝羊とは雄羊のことで、食欲と性欲のみに明け暮れている動物にたとえたのです。

これに対して因果を知る愚童持斎心と嬰童無畏心とは、善因楽果、悪因苦果の理を知って、善因を行じ楽果を願い、悪因をやめて苦果を避けようとする心です。愚童持斎心の愚童とは愚かな子供という意味ですが、愚かな子供でも因果の理を知って節制すれば病苦から逃れることができるし、まじめに働けば貧苦から逃れることができるという意味です。それゆえ、この心が第一異生羝羊心に比べてより優れた心のあり方であることは明らかです。

異生羝羊心に対する愚童持斎心・嬰童無畏心の違いは以上の如くですが、それでは愚童持斎心と嬰童無畏心とはどこが違うのかという疑問に対しては、④がこれに対応します。すなわち、愚童持斎心は現世の因果を知る心であるのに対し、嬰童無畏心は現世と来世の因果を知る心です。

たとえば、胃潰瘍の原因が不節制や精神的不安であるとしたら、不節制や精神的不安をなくし、胃潰瘍の治療を受けることによって胃の苦痛はなくなります。しかし、人生は無常ですから、我々は永遠にこの世にいられるわけではありません。必ず死んで次の世に生れ変わります。そのとき、現世の場合と同じように因果の理が働きます。たとえば現世において悪逆非道な行為をすれば来世は地獄に堕ちるとか、餓鬼道に再生することが起こります。反対に、現世において人びとの利益になることをすれば来世では天に生れ、人間としてならば、より恵まれた環境の家庭に生れるというのです。

したがって、嬰童無畏心とは現世において善事をなして、来世では天国に生れることが確定した心であり、これはあたかも嬰児が母親の手に抱かれて何の恐れも不安もない状態にある(無畏)心ということです。

それゆえ、第二・第三住心は因果を知って善業を積み、楽果を受ける心であり、このうち現世において楽果を受けることを願う心が第二住心、来世における楽果を願って現世において功徳を積むのが第三住心になります。

つぎにもう一度、②にもどって**世間心**と**出世間心**との違いを明らかにしたいと思います。

前述のように、世間心は悪因苦果・善因楽果の違い（第一住心と第二・第三住心）、および現世における善因楽果を現在・未来の二世におよぶ善因楽果（第二住心と第三住心）の違いはありますが、いずれも輪廻転生を繰り返す住心であることは同一です。

それゆえ世間心とは、悪因苦果であれ、善因楽果であれ、その両方であれ、生まれては死に死んでは生まれて永遠に生死の繰り返しをしているわけです。たとえ天国に生まれても、生まれたからには滅しなければならないとするのが仏教の考えですから、何万年生きようとも、必ず再び死んでその後また六道のいずれかの世界に生まれるというのです。

しかし、出世間心とは、この輪廻転生から抜け出してしまうわけです。これを解脱といい、涅槃とはこの解脱の結果得られた永遠の心の平安です。

釈尊やお大師さまは、この解脱涅槃の境地に到られたのであり、この境地はすべての仏教者が目指すべき境地です。問題は、いかにして釈尊やお大師さまはこの境地に到られたのかということになります。そのヒントは何が輪廻転生するのかということ及び、その輪廻転生する何かは真の実在なのかどうか、が問題になります。これに対する釈尊の回答は、我が輪廻転生するのであり、そのような我は真の実在ではない、ということでした。

世間心と出世間心

①　因果応報ということ

最近の世相は以前にもまして荒廃し、狂乱の度を深めているように見受けられます。特に人の命がいとも簡単に奪われ、それも子が親を殺し、親が子を殺すといった肉親の間の殺人事件から、はては大量輸送機関の事故による死傷まで、毎日のニュースで殺人記事が出ない日は珍しいとすら錯覚させるような此頃です。殺傷事件だけではなく、盗みや汚職事件に至っては、新聞記事に出ないものも含めたらその数は数えきれないほど起こっていると思います。石川五右衛門が釜ゆでになる前に、「浜の真砂と盗人の数は、この世の終りまでかかってもなくなることはない」といったそうですが、大泥棒の言葉を引き合いに出すのは気がひけるものの、この言葉は中《あた》らずといえども遠からずという気がします。

何故このように人殺しや盗みや男女関係、家族関係等のトラブルが絶えないのかを考えてみますと、仏教ではその原因はすべてわれわれの心のむさぼりと怒りと無知によるのであると答えています。

テレビの刑事物などで殺人事件が起こると、その殺人の動機を「金銭」か、「怨恨」か「痴情」かといった線から絞っていきます。

たしかに、どんな殺人事件も財産問題や恨みや男女関係のもつれが原因で起こっていることが多く、このうち、恨みや怒りは心の働きであり、財産や男女関係のもつれは物や人間関係のように見えますが、結局それも欲望がからんでいて、欲望とはまさしく心の働きにほかなりませんから、われわれの行為のすべての動機は心であるといえるのです。その心の働きのうちでも、もっとも直接的な働きは欲望であるといえます。

欲望は財産や異性に対するだけではなく、地位や名誉に対するものなど、ありとあらゆるものが対象になります。この欲望に引きずられてわれわれは行為を起こし、その対象を獲得すれば喜び、獲得できなければ失望し、獲得を妨げるものがあればそのものを憎悪し、怨恨や嫉妬の情を抱くのです。何かを得たいという欲望が貪で、貪の実現に対する障害への怒りが瞋で、そのような行為の動機とその結果に対する無知が痴で、この**貪瞋痴**《とんじんち》を仏教では三毒というのです。

ここで注意しておかねばならないことは、この三毒は行為にとっての引き金であって、行為そのものではないということです。仏教では行為のことを業といって、これには身体（身業《しんごう》）と言葉（語業《ごごう》）と心（意業《いごう》）の三種類があるといいます。

この身語意の三業を因とすると、この三業を引き起こす動機が貪瞋痴で、これは因に対しては縁といいます。

因とはもちろん果に対していう言葉で、果に対しては、因は主たる条件であり、縁は付随的な条件といえます。これをたとえによって示すと、妻子ある男性が会社の部下の女性と深い関係を結んでしまった。それが妻にわかってしまい、妻が逆上して愛人を殺すといって刃物を振り回し、これを止めさせようとしてもみ合っているうち、刃物が妻の胸にさって男性は妻を殺してしまった。事の成り行きに恐くなって逃げた男性も、結局、あり金を使い果たして警察に自首し、会社はクビになり懲役刑に服することになった。こんな事件はそんなにしばしば起こりはしませんが、しかし、そうなる可能性のある男女の不倫は日常茶飯事でしょう。そしてこのような不倫をすすめている本や雑誌が氾濫し、これを実行するための組織すらある実態は、人々がいつでもそのような状況に引き込まれる可能性があることを示唆しています。

いずれにしても、妻以外の女生と親しくなり、その女性と深い関係になったことが縁で、その縁に引きずられて妻を殺したというのは身業であり、その業の果が警察に掴まって刑に服すること、報は会社をクビになり、二人の女性を失い、家庭も崩壊したということです。これを図で示すと、不倫（縁）――殺人（因業）――服役（果）――人間関係の崩壊（報）であり、これが仏教でいう因果応報とか、因縁果報の意味です。

この因縁果報の原理には、いくつかの原則があります。

（イ）因業と果報とは時間が異なる。殺人をしたらすぐに捕まって服役するわけではありません。別のたとえでいうと、飲み過ぎという行為の結果は、翌日宿酔《ふつかよい》になるという形で現われます。

（ロ）因業と果報とは内容が異なる。殺人という行為と、罪の意識に苦しんだり、服役して苦しんだりすることは一方は行為であり、他方は感受であるという違いがあります。

（ハ）自業自得の原則。自分が犯した殺人の罪は、自分がその責苦を荷《にな》わなければなりません。

（ニ）善因――楽果。悪因――苦果。無記（善でも悪でもない）――捨受（苦でも楽でもない）。

（ホ）業の深さの度合いによって果報の大小も異なる。飲み過ぎが重《かさ》なれば身体の調子もそれだけ悪くなります。あるいは勉強する質量によって合格する大学も異なります。勿論、その場合、善業にも悪業にも良縁・悪縁という付随的な条件があることを忘れてはなりません。

（へ）業の果報は必ずいつか受けなければならない。殺人によってお金を沢山得て、一生安穏に暮したとしても、来世は地獄に落ちてその責苦を受けることになる、ということです。

（ト）一度受けた果報は再び受けることはない。

（チ）前業によって現在どのように苦しんでいても、今何をするか（業）は自由。今何をするかということが後の果報を決定するのですから、そこに仏教の善をなすべしということと自由意志との結合が見られるのです。

② 輪廻転生ということ

仏教における因縁果報の理論は以上の如きものですが、これと輪廻転生の理論とはどのように関わるのでしょうか。

輪廻転生というとわれわれは、死後、別の世界へ行ってそこで生まれ、そこで現世とは違った生活をして再び死に、死んだらまた別の世界へ行ってこれを繰り返すと考えています。たしかにそれはその通りですが、これは時間軸の上からだけ考えているからそうなるので、空間軸の上からいうと、われわれが死んでから行く世界はこの世界以外の何ものでもないのです。つまりわれわれは死んでからまたこの世界に舞い戻ってくる、そしてこれを繰り返すのです。これが輪廻転生です。

では、死んでから地獄へ行くとか、天国へ行くというのは嘘なのかというと、仏教では地獄や天国は現在のこの世界に在ると考えるのです。

ただ、われわれは現在人間界に住んでいるから、地獄界や天国界がこの世界にあることを知ることができません。知ることができるとすれば、地獄のような世界や天国のような世界をたまたま垣間見たときのみです。

しかしそのような世界を垣間見ることが出来るということは、そのような世界が実在することを証明しています。

仏教ではこの他に畜生（人間以外の動物）の世界、餓鬼の世界、阿修羅の世界（天界の住人、したがって天人と常に闘争しているといわれる）の全部で六つの世界が、現にこの世界に実在するとし、この六つの世界（**六趣・六道**ともいう）をわれわれは経廻《へめぐ》るというのです。

それではわれわれは何故、地獄に行ったり、天国に行ったりするのかというと、前世のわれわれの業（行為）を因とし、その因に応じて果報として様々な世界に生まれるのであるといいます。

たとえば、人殺しをして、その人殺しの果報がまだ尽きない間は地獄界で大いなる苦しみに遭うとか、現世で神々をお参りし、供養することがしばしばあったので、来世（したがってまた現世でもある）には天国に生まれて寿命が長遠になるとかの事実です。

これは前節で説いた因縁果報の理論が現在の世の中での話であったのに対し、この輪廻転生の理論は過去・現在・未来にわたる因縁果報の理論の適用だということを意味します。

それ故、因縁果報の理論の諸原則は、そのままこの輪廻転生の理論にあてはまることになります。これを図にして示すと別掲のようになります。

これら六つの世界のうちをわれわれは経廻りますが、たとえば人間界にいた者が来世にどの世界で生まれるかは現世での因業に依ることは前に説きました。

これら六つの世界のうち、天は楽のみの世界、阿修羅界は天と闘争をしている世界、人間界は苦と楽が交互に存在する世界、畜生・餓鬼・地獄は苦のみの世界です。また、中有とは中陰ともいい、死後四十九日間であるといわれており、この**中有**の間、肉体を離れた霊魂（アートマン）は空中を浮遊して、次なる生を受けるための機会を待っています。

男女交合して卵子と精子が結合した瞬間に、その結合体にアートマンが入り込み、ここに托胎すると考えられています。

それゆえ、われわれの生存にとって、父母とは縁であって因ではないということになります。またこの理論によって、たとえばあらゆる生命あるものに対して慈悲の念を抱くこ

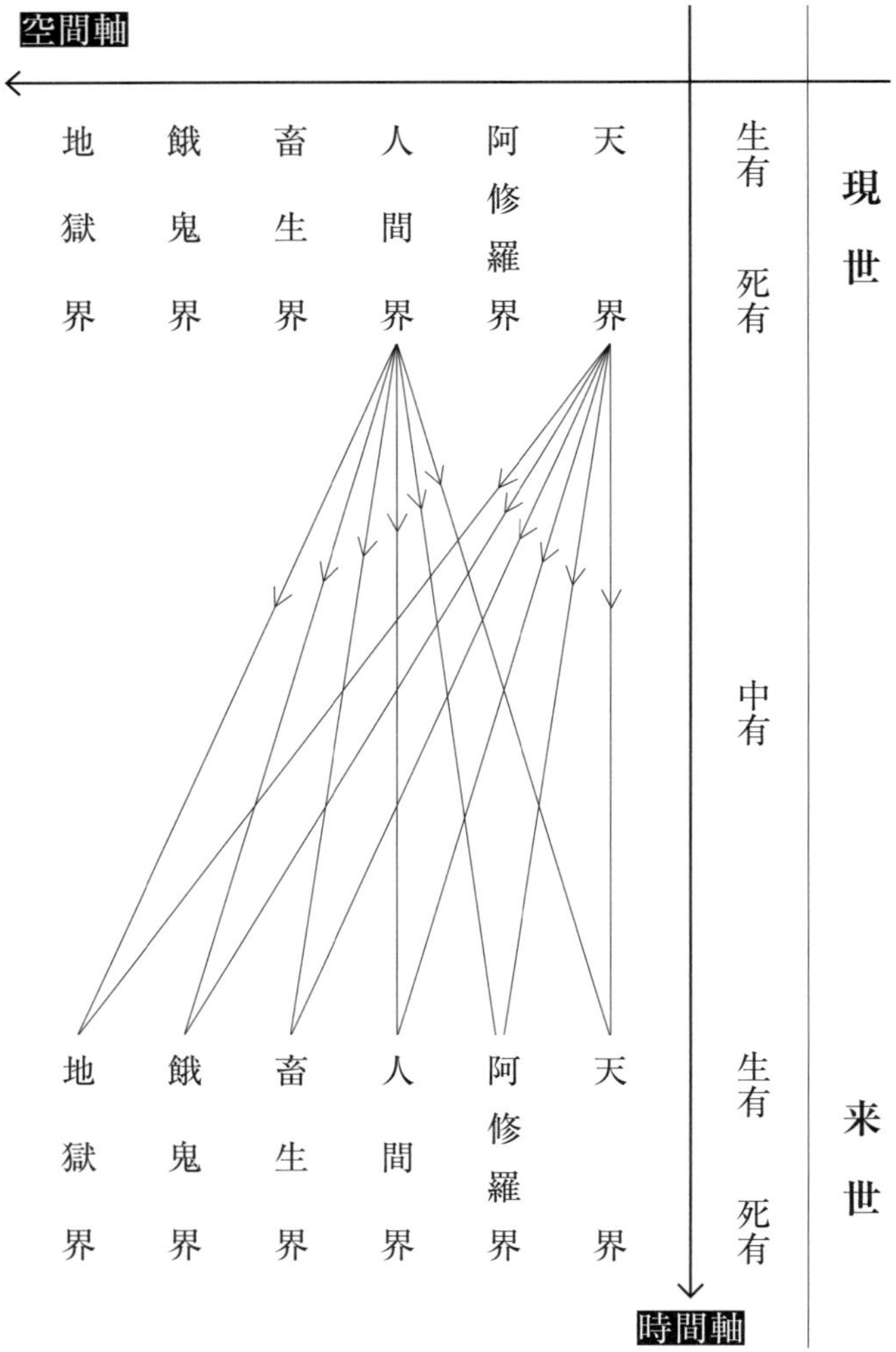
空間軸
地獄界
餓鬼界
畜生界
人間界
阿修羅界
天界
生有
死有
現世
中有
地獄界
餓鬼界
畜生界
人間界
阿修羅界
天界
生有
死有
来世
時間軸

との意味が確立します。何故なら犬や猫も昆虫も、亡くなった両親・兄姉の生まれ変わりかも知れないからです。あるいは、自分が来世は牛や魚に転生するかも知れないからです。

ちなみに、輪廻転生の思想が存在せず、目的論的世界観に立つキリスト教社会では、昆虫は鳥のために、鳥は動物のために、動物は人間のために神によって創られた存在であるから、人間が動物や鳥などを殺して食うことは罪ではなく、かえってそれらの生き物の目的にかなった行動であると考えられています。これは古代ギリシヤのアリストテレースの哲学をキリスト教が援用したと言われています。

これについて、ある文化人類学者は牧畜民族と農耕民族の生命観の違いと説明していますが、最近の日本では因果応報・輪廻転生の考え方はあまり知られていませんし、通用しない面があることも事実です。なお、中有または中陰は四十九日間あり、この間の七日目ごとに死者の霊魂が新たな生存を受ける機会を持つと考えられていますが、仏教でいう初七日とか三十五日とか四十九日とかの法要の意味は、これら転生の機会に理趣経などのお経をあげて、死者の霊魂の滅罪と往生あるいは成仏を祈願することにあります。

③　世間心と出世間心

ここまで、仏教における因縁果報の行為論が輪廻転生の世界観にいかに結びついているかを説きました。

これをもとに弘法大師の十住心思想のうちの世間の三種類の住心がどのように位置づけられるか、および、この輪廻転生の世間を超える出世間心とはいかなる心であるかを考察しましょう。

まず、三種類の世間心とはすべて三界（欲界・色界・無色界）六道（天・阿修羅・人・畜生・餓鬼・地獄）をその業（行為）の善悪によって経廻り、永遠にこれを繰り返す人々のことです。

多くの人は教育によって、あるいは自らがその悪業の果報を受けて苦しむことによって、過去の苦い経験を再び繰り返すまいと誓い、ここに因果を知る愚童持斎心が生じます。持斎とは節食持斎であって、インドでは毎月六日間は断食をする習慣があり、この六斎日に自分も断食をしてみようと思い立って実行するのが節食持斎心のはじまりです。このとき、因果の行為論が自覚されているわけではありませんが、断食をして身体の調子が良くなると、断食という原因で身体の調子が良いという楽果を知るので、ここに因果の行為論を知る機会が訪れたのです。

他方、断食をすればその分だけ費用や食物が余るから、これを家族や知人に布施をします。するとこの布施によって人々は感謝し自分も布施をする喜びを感じ、この喜びはますます多くの様々な人に対して布施をするという結果をもたらします。そのうちに善友から死後天に生まれる教えがあることを聞き、天に生まれるためにはふだんから悪業をつつしみ、善業を修することが大切であると教わり、これを実行します。このとき、その人は単なる現世での楽や喜びだけではなく、来世における生天を信じて嬰児のように畏れの心がなくなっているから、これが嬰童無畏住心です。たしかに来世での生天に確信を持てるなら、赤ん坊が母親に抱かれ何の心配も何の畏れもないように、安らかな気持でいられるでしょう。

しかしながら、かりに天に生まれることが信じられたとしても、輪廻転生の考えからいうと、いかに天界で長生きをしても、天に生まれたからには再び老病死を経験して、こんどはまた別の世界に生まれ、またそこで死ぬことにならざるを得ません。考えてみると、生が楽であればあるほど、老病死は恐ろしく苦しい。しかもその生すら、自分の思いのままになりません。したがって苦であるとすると、生老病死はすべて苦ではないでしょうか。そして輪廻転生とはこの生老病死のことであるとすると、生老病死が苦ならば輪廻転生も苦となります。

釈尊はこの一切皆苦の輪廻転生から解脱することが、問題の最終的な解決であることを悟られたのです。そして、実際にある方法によってこの輪廻転生の世間を超越されました。

これが出世間であり、この出世間と輪廻転生の世界からの解脱とは同じ意味です。また輪廻転生は一切皆苦ですから、解脱はこの一切皆苦からの解放であり、この解放の結果は涅槃、すなわち完全なる「真実の楽」「真実の自由」（思い通りにならないことがなくなるから）の獲得ということになります。

南無大師遍照金剛

第十二章

苦の根源を絶つ——弘法大師というナビ

生きる指針

昔は船で大海を航行するとき、星座や羅針盤で方向を知り、目的地へ辿りつきました。陸地でも旅をするときは、里程標や土地の人に道を聞くなどして目的地へ向かったわけです。現代では、旅行するには飛行機や新幹線やバスに乗り込めば、途中何の心配をしなくても、無事目的地に私たちを運んでくれますし、マイカーで旅行するときでも、道路標識は完備されているし、ナビゲーション・システムを取りつければ人工衛星がマイカーの位置を地図上に正確に知らせてくれるあり様です。

今日、旅行では何の苦労もなく世界中どこへでも行ける世の中になりましたが、人生の旅においては、そう簡単に目的地に着くことはできないのではないでしょうか。

松尾芭蕉は『おくのほそ道』の冒頭で、「月日は百代《はくたい》の過客にして、行かふ年も又旅人也」と書き、人生そのものを旅にたとえています。芭蕉の旅の目的地はどこかというと、『おくのほそ道』の場合、さしあたっては「みちのく」でしょうが、「みちのく」を旅したあとは、どこを目的地としたか、これは芭蕉の故郷の伊賀です。しかし、その途中で病にたおれ、「旅に病んで夢は枯野をかけ廻る」という句を残して逝去したといわれています。

芭蕉にとって旅の目的地はつぎつぎと変わるわけですが、変わらないのは旅そのものです。旅そのものが人生ですから、旅をすることが人生であり、人生の目的です。ここでは特別にある場所が最終目的地と定められているのではない。旅にとっては向かっている場所が目的地ですが、そこに着いたら、別の場所が目的地になる。その目的地へ着いたら、そこで商売しようとか、名前を売ろうとかいう意図があるわけではないし、すべての土地は旅の通過点ですから旅の目的地ではありません。

それでは一体、芭蕉は目的地のない人生の旅で何をしたのでしょうか。その旅の折々に人や自然と出会い、見聞し、体感したことごとを紀行文にし、五・七・五の俳句に結晶させたのです。

私たちの人生が旅であるといった場合、芭蕉のような具合にいくかどうか。おそらく、定年退職でもしたあとなら別でしょうが、現役でバリバリやっている壮年や、これから人生を作りあげていこうとする青年にとっては、目的も立てずにその折々の出会いを句に詠みこんでいく人生などは、とてもやってはいられないというところでしょう。

何といっても現代社会は、科学万能主義、合理主義、物質万能主義、金銭第一主義の世の中ですから、これに合致しない考えや生き方をしている人間は、余計な穀つぶしということになります。

この科学万能主義の社会とはどんな社会かというと、自然や社会の物事を観測・分析して、そこに法則性を見出し、その法則性を使って人間にとって役に立つ便利なものを大量に作り出すシステムを考え、そのシステムのもとで当初の目的を実現していくような社会です。それがうまくいけば、更にその事業を拡大していくために計画を立て、これを実現する。うまくいかなければ、うまくいかないところを調査してこれを修正し再び実行して成果を得ようとします。

日本経済を支えている大小の企業や、政治・経済・文化を支えている行政や法人の各組織は、みな、事業計画を立てそれを執行して、今日の日本の社会が成り立っています。各組織、団体は勿論、各個人や家族も短期あるいは長期の計画、つまり目標・目的地を設定して、その実現に向けて営々と努力をしているのです。

そういう人生の生きる指針として、自らのありかを示し、その行くべき方向を教えてくれる人生の羅針盤、今日の言葉でいえば人生のナビゲーション・システムに、弘法大師の教えこそ、なりうるのではないでしょうか。

人生の目的

あなたの人生の目的は何か、と聞かれても、直ちに答えられる人は少ないと思います。それに子供の頃描いていた目標と、結婚して家庭を持ってから考える目標と、さらには職業をリタイアしてから目指す目標はみなちがうのではないでしょうか。

もし、人生のそれぞれの時期で目標がちがうとすれば、その目標に到達しようとして持つ指針、あるいはナビゲーション・システムはまたちがったものにならざるを得ません。

釈尊御誕生の地、インドでは、古代から人生を四つに区切り、それぞれの時期で追求する目標がみなちがうと考えていたようです。

その四つの区切りとは、まず両親の庇護のもとで勉学や人格形成にいそしむ**学生期**。第二は結婚して後継者をもうけ、家業にいそしむ**家長期**。第三は家督を譲り、家族を離れて独り森や林に移り住み、人生の真理の追求に専念する**林住期**。最後に解脱を求めて諸国を放浪し、人々に教えを説く**遊行期**です。

これら四つの時期を**四住期**といいますが、このうち、家長期における人生の目的は、愛欲と利益の追求であり、ひたすらこの二つの目標に向かって専念するのです。もちろんこの二つは、子孫の繁栄と林住期・遊行期にある自分の両親や祖父母のためですから、愛欲と利益の追求といえども、自分だけのために行われるわけではありません。

家長期を過ぎて林住期・遊行期に入れば、これまで追求してきた愛欲と利益とは二つともさっぱり縁を切り、人生の真理の追求や解脱の体験のためにそのすべてを捧げるわけです。

もちろん、林住期や遊行期といえども衣食住は欠かせませんが、インドのように暑い国では衣住にはそれほど意を用いる必要はなく、食も托鉢によって得られるようになっていますから、さほど心配はいりません。

むしろ、衣食住に対する関心を捨てて、真理や解脱の実現に専念することこそ、この時期の生き方の本来であったわけです。

したがって、この四住期に対応して、人生の目標も、愛欲・利益・真理・解脱と四つあることになり、それぞれの時期に応じて、これらの目標の究極に迫る、あるいは究極を実現することこそが人々の生きがいであったといえます。

もちろん、古代インドと今日の日本社会とではどだい比較ができません。とくに高度な科学技術の発達による現代文明の時代にあっては、政治・経済・社会・文化のすべてがグローバルなレベルで複雑にからみ合っており、個々人のライフ・サイクルも古代インドの四住期のようになっているわけではありません。

しかし、それにも拘らず、人間の誕生から死去までのライフ・サイクルの基本は準備期・活動期・引退期と分けることができますから、それぞれの時期に応じた目標を持つことはきわめて当然です。逆にたとえば引退期に活動期と同じ目標をもって行動しても、うまくいかないことは明白です。

問題は、それぞれの目標を達成するには、それぞれの目標に応じた指針あるいはナビゲーション・システムが求められることです。それはいかにして求められるか、また弘法大師の宗教はそのような万能なナビゲーション・システムになりうるのか、またなりうるとすればそれは何故なのか、ということが問題となってきます。

ライフ・サイクルと輪廻

今日のわれわれは、ライフ・サイクルというと生まれてから死ぬまでの人間の一生を指すと考えています。ちなみに辞典などでは、①生物の一生、②生涯設計、結婚を起点とする周期などと書かれており、前述の四住期と同様、一生の間の円環を意味すると思われています。

ところが、古代から現代に至るまでのインド人の多くは、人間としての自分の一生は死んで終わるとは考えておらず、再びこの世に生まれ変わってくると考えているのです。ただし、この世に再生する場合、人間として生まれるとは限りません。

というのは、この世には人間という存在ばかりではなく、いつも生命の危険におびえている鳥やけものなどの動物や、地獄の苦しみを味わっている地獄の衆生、いろいろな欲望を満足させられず苦しんでいる餓鬼道に陥っている衆生、絶え間ない戦いに明け暮れている阿修羅の世界に住む衆生、あるいは楽のみしかない天界に住む衆生という、全部で六種類の衆生が存在するからです。仏教ではこれを六道とか六趣といい、あらゆる生命ある存在（これを衆生といいます）はこの六道を生まれ変わり、死に変わりして無限の円環運動を続けているのです。これがいうところの**輪廻転生**です（第十一章、終章も参照のこと）。

この考え方の特徴は、われわれの一生を七十年とか八十年とかいう期間で終わりにしてしまわないことです。もう一つの特徴は、生まれ変わりの存在の形態は必ずしも人間であるとは限らないということです。

そうではなくて、前述の六種の形態をとって、永遠の過去から永遠の未来にわたって生まれ変わり、死に変わりしています。

欧米流の考え方でいうと、人間が死ぬと天国あるいは地獄で永遠に生き続けるか、あるいは何も無くなってしまうかのどちらかですが、インド人や仏教の輪廻転生説では、かりに天国に生まれても、そこで永遠に安らっているのではなく、天人も五衰（身体がくさくなったり、目がくらんだりする死ぬ前の五つの徴候）を経験して天界で死に、再び別の存在として六道のいずれかの世界に生まれるというのです。

したがって、この輪廻転生の考え方では、自分や他人や他の生物は、その存在の形態、いいかえれば身体の形や生まれる環境は変わっていくけれども、自分の霊魂は永遠に変わらないことになります。

これを図示してみると次のようになります。

前世　　現世　　来世

中有　　中有

……生―死……生―死……生―死……

人・天・地獄
餓鬼・畜生・阿修羅
のどれかの形態

人・天・地獄
餓鬼・畜生・阿修羅
のどれかの形態

人・天・地獄
餓鬼・畜生・阿修羅
のどれかの形態

霊魂としての自分は永遠に変わらないのに、どうして前世のことを知らないのかというと、死ぬときと生まれるときの苦しみがあまりに激しいので、前世のことを忘れてしまうのだといわれています。

しかし、よくあることですが、どうも昔来たことのあるような場所だとか、どこかでいつか会ったことのあるような人だ、と感じたりします。これは前世で住んでいた場所とか、前世で出会った人であったということかも知れません。

いずれにしても仏教でいう「袖すり合うも他生の縁」という言葉は、電車の中で袖がふれ合ってもその人と前世かあるいはもっとそれ以前の世界で縁があったのだということを意味しているのです。

これは人と人との間の関係だけではなく、飼猫や庭にやってくる雀や昆虫などとも他生の縁があったことになります。つまり、自宅で飼っている猫も前世は自分の知己であったかも知れないし、自分の食べている魚も前世から因縁があったかも知れないのです。弘法大師はこのような仏教の輪廻転生の思想にもとづいて、『三昧耶戒序』という書物の中で、次のようにいわれています。

「また三世を達観するに、みなこれ我が四恩（父母・衆生・国王・三宝の四者の恩）なり。四恩みな三悪趣（地獄・餓鬼・畜生）に堕して無量の苦を受く。吾はこれ彼が子なり。また彼が資なり。我にあらざれば誰かよく抜済せん。この故に、この大慈大悲の心を発すべし。大慈はよく楽を与え、大悲はよく苦を抜く。抜苦与楽の本《もとい》、源を絶たんには如《し》かず。源を絶つ首《はじめ》は法を授かるには若《し》かず。」

つまり、この世界のありとあらゆる衆生（生命あるもの）は、私の父母であり、師であるから、これら衆生の苦を抜き、楽を与えることが菩薩のつとめであり、抜苦与楽の根本は苦の源を絶ちきらなければならず、そのためには仏の法を授からねばならない、と説かれているのです。

この場合、苦の根源を絶つ仏の法とは何か、また苦の根源とは何でしょうか。苦の根源とは輪廻転生そのものであり、苦の根源を絶つとはこの輪廻転生から**解脱涅槃**することです。そして仏は輪廻転生から解脱涅槃され、その解脱涅槃する方法を説かれたのが仏の法です。

遍照金剛の願船に乗って

ところで、釈尊はすでに解脱・涅槃の境地に入り、仏と成っていられる方ですから、仏としてはもはや、輪廻転生することはありません。ということはふつうの衆生のように生まれ死にを繰り返すことはなく、生まれることもなく死ぬこともない不生不滅の存在です。しかし、不生不滅の存在といっても、生滅を繰り返しているわれわれ衆生は、そのような不生不滅の仏を見ることはできません。あたかも、われわれの眼は物の色・形・動きを見ることはできても、光そのものを見ることはできないのと同じです。しかし、光がなければわれわれは物を見ることはできません。それと同様に、不生不滅の仏は光のようなもので、輪廻転生のわれわれの人生はこの光に照らされている物のようなものなのです。

釈尊は不生不滅の仏の世界に到達しましたから、そこで光になってしまわれたわけですが、人に法を説くためには、身体がなければなりませんから、不生不滅の仏（これを法身といいます）が、**釈迦牟尼世尊**《しゃかむにせそん》という姿かたちをとって人々に法を説かれたのです。

釈迦牟尼世尊という、まったく人々の姿かたちに応じて現れたわけですから、光にたとえられる不生不滅の法身に対しては、人々に応同化現する仏という意味で釈尊のことを応化身であるといいます。この応化身は人々と同じく、生滅を繰り返すわけですから、釈尊も釈迦国で生まれ、結婚して子供をもうけ、出家し修行し、成道し、説法利生し、入滅されたのです。

しかし、不生不滅の法身そのものは、いつでもどこでも誰に対しても、生滅する衆生を生滅する衆生そのままにその救済活動を続けています。しかも、生滅する衆生は多種多様であり、子供もいれば大人もいる。サラリーマンもいれば商人も農漁業従事者もいる。人間だけではありません。六道の衆生すべてが生まれたら必ず死に、生死輪廻しています。ですから、法身がこれら六道の衆生を救済するには、六道の衆生がその法身の姿を見、法身の説法を聞くことができるような形で現れてこなければなりません。人間に説法するには人間の姿で、犬に説法するには犬の姿で現れてこなければ、人間も犬も救われないのです。

人間であっても、年令や職業もちがうし、地位も能力も異なっているから、一律に法を説いても、わかる人もいればわからない人もいます。それぞれの人すべてにわかり、すべてが救われるような教えが法身の教えであり、この教えが真言密教です。

これに対して、特定の地方の人や、特定の能力・立場の人にだけわかるような教え、換言すれば応化身の教えが顕教であると、弘法大師は述べられています。

密教の仏は法身であり、すべてのものを照らし出す光にたとえられますから、この法身を大日如来といいます。

したがって真言密教は大日如来が教主であり、大日如来は不生不滅の光明であり、この大宇宙に遍満し、しかも大宇宙のあらゆる生命あるものをその本来の生命たらしめ、最終的には大日如来と一体化して救われていくよう、常恒不変に活動しておられるというのです。

弘法大師はこの大日如来の法を正しく受け継がれ、中国で恵果阿闍梨より「遍照金剛」という灌頂名を授けられました。そしてこの大日如来の密教を日本において弘められ、八三五年、高野山上にて入定されたのです。

最後に、弘法大師の教えが人生の指針、ナビゲーション・システムになり得るかどうかということですが、ナビゲーション・システムを成り立たせている光そのものが大日如来であり、弘法大師の教えはこの光を指針としてあるいは現実のナビゲーション・システムとして顕わにするシステムです。当然、大師の教えを学び信ずることによってわたしどもは大日如来と一体化することができるのです。

具体的にどのような方法によって一体化するのかというと何度も書きますが、「**南無大師遍照金剛**」という御宝号を一心にお唱えすることによってです。これによって、われわれはいかなる暗黒の苦海にあろうとも、遍照金剛の願船に乗って、大日如来の光明の国へと導かれることができるのです。

南無大師遍照金剛

終章1　仏教の幸福観

大災害が問うもの

令和五年の能登半島での地震が記憶に新しいですが、平成二十三年三月十一日の東日本大震災はマグニチュード九というこれまでに日本が（あるいは世界も）あまり経験したことのない大規模地震でした。しかもそれによって引き起こされた大津波は東日本の太平洋沿岸諸都市、市町村落を壊滅させてしまいました。

災害はそれに止まらず、地震と津波によって破損した原子力発電所が放射性物質を拡散し続け、そのために広範囲にわたる地域住民の退避と魚介類や農産物の汚染問題が引き起こされています。大地震から一か月経った頃でもマグニチュード七クラスの余震が発生し、東日本の人々は安閑としてはいられないような毎日の生活を送りました。この災害による死者、行方不明者は二万七千人を超え、避難生活を送る人々は数十万人に達しました。

この大地震による社会・経済・文化等へのこれまでの、又これからの影響は計り知れなく、それにも増して人々への精神的・心理的な打撃は覆うべくもない状況でした。

毎日のテレビの映像で災害の現場が映し出されるたびに、支援と復興への活動が力強くなされたとはいえ、被害の甚大さと人々の苦しみ悲しみに涙が止まらない日々が続きました。災害の恐ろしさを比較することは出来ませんが、この大震災は地震だけではなく想像もしなかった大津波と放射性物質の拡散という前例のない災害を引き起こしたのです。

外国ではチェルノブイリやスリーマイル島の原子力発電所の事故や、インド洋の沿岸諸国を襲ったスマトラ沖大地震と大津波が記憶に新しいですが、大地震に加えて大津波と放射性物質の拡散という前代未聞の惨事をわが国で経験してしまいました。日本人は広島・長崎の被爆を経験し、さらに原子力の平和利用とされる原子力発電所の惨害を蒙ったのです。

それ故、この大惨事から立ち直るためには国家的・国民的規模での救援・支援活動が要請されています。実際そのような救援活動は日本国内にとどまらず世界的規模で広がりました。

しかし他方、このような事態に遭遇してわたしたち一人一人がどういう心構えを持ち、どのように生きていくかということは、哲学や倫理・宗教の助けを借りなければならないでしょう。

というのはこの大震災では二万七千人近い大勢の人々が亡くなったり行方不明になったりしました。だから私たちは助かって生き延びられた人々の救済だけではなく、亡くなった人々の慰霊を行わなければならないのです。

その慰霊がなされて亡くなった方々と、生き延びられた方々の霊が安らいだとき、生き延びられた方々は初めて生きる力を得られるのではないでしょうか。

生き延びられた方々にただ救援物資を送ったり労力奉仕をさせていただいたりすれば十分だと思ってはなりません。被災されたすべての方々の心にぽっかり空いた穴は住居や財産や生活用品を失ったことにも因るでしょうが、それよりも何より大きいのはかわいくあどけない子供や、血を分けた親兄弟や親戚、笑顔で迎えてくれた友人や、一緒に仕事をした職場の仲間、長い間付き合ってきた地域の人々の、死あるいは行方不明という現実に因っていたのだと思います。たしかに物質的なあるいは労力による救援で生活はある程度取り戻せるかもしれません。しかし亡くなった人々は永遠に取り戻せません。さらに行方不明になった人々はその遺骸さえも拝むことが出来ないのです。

何故、自分だけが生き残って愛する者がいなくなってしまったのか。その思いは被災された方々すべての胸中にいつまでも残ってしまうに違いありません。

釈尊の幸福観

しかし翻って考えると、釈尊も生まれて間もなく生母を亡くされ、さらに青年時代に老病死の現実に直面されたのでした。その老病死は自己のそれではなく他の人々の老病死でしたが、釈尊はこれらをいずれは自らも体験されねばならないと知って、これを解決しようとしてお城を捨てたのでした。

釈迦国の城であるカピラヴァストウを捨てることは立派な住居と快適な生活を捨てるということだけを意味しません。それは釈迦国の王子としての地位を捨て、国王である父を捨て、釈迦国も捨て、妻も子供も捨てるということでした。それゆえ釈尊は一切の世間的な幸福を自ら捨ててしまったということになります。

そして一介の修行者としてウルヴェーラの山に入られてしまいました。シッダールタ太子（成就という意味で、釈尊の幼名）二十九才の時でした。

仏教の幸福観について考える場合、釈尊の成道前の幸福観はわたしたち普通の人間が考えているような世間的な幸福観ではなかったということが、この出城という出来事のうちで読み取ることが出来ます。

わたしたちが考えている普通の幸福観は、快適な住まいと生活、素敵な家族や仲間、張り合いのある仕事、余裕があれば旅行やスポーツや芸術的創作や鑑賞等々、でしょう。もちろんそれらを享受するためには健康でなければなりませんし、利益を得たり、財産を持ったりすることも必要です。また当然のことながら世の中が平穏であり、かつ人々が道徳的で、自然環境も良好であるといったことも必要です。

これらが全て同時に充足されることはまずありえません。若くて健康である時はお金がなかったり、お金が出来た時には年老いてしまっていたり、病気になってそのお金を治療で使い果たしてしまわなければならないとか、世の中は思うようにならないのが現実でしょう。しかしふつうはそんなことは考えずに、他はだめでも何か一つ満たされればそれで満足し、つかの間の幸せを楽しみ喜んで生きてゆくことが出来ます。

しかし釈尊にはそれら世間的な幸せが、無常性という乗り越えがたい事実の中で、すべて空しいものであると感ぜられたのでしょう。

というより世間的には幸せであればあるほど、それがいつかは壊れるという予感が一層の不安を駆りたてたのだと思われます。愛する者との生活が幸せであればあるほど、その幸せが壊れた時にはその悲しみは深いものです。その悲しみに耐えられなくなったとき人はどうするのでしょうか。釈尊はその悲しみの根本を断ち切ろうとして城を出られたのではないでしょうか。つまり世間では喜びが深ければ深いほどその喜びの条件が無くなることによって、喜びの深さに応じた悲しみが生じるのです。幸福であればあるほどその幸福の条件が無くなればその分だけあるいはそれ以上に深い不幸が訪れるのです。

何故かというと世間の普通の幸福は全て条件付きだからです。愛する人と結婚してかわいい子供が出来て無上の幸せを享受していたが、そのわが子が車にはねられて亡くなってしまった。そのときその車の運転手に対する怒りは計り知れないでしょう。亡くなった子供に対する悲しみはさらに深いでしょう。なぜなら亡くなった子供はもう帰ってこないからであり、それればかりか亡くなった子供と共に過ごした無上の喜びももはや戻ってこないのですから。加えて、自分の伴侶やその子の兄弟姉妹の悲しみも増幅されています。普段わたしたちは全ての世間的な幸福は条件付きだということを忘れているのです。

しかもその条件はすべて自分にとっては外的なものです。この外的な条件は自分も含めて（外的なものに対する自分も外的なものだから）無常であっていつかは消滅してしまいます。事故や自然災害で突然亡くなるか、老化や病気などでゆっくり亡くなるかは別として、無常ならざるものは何一つとしてこの世に存在しないのです（諸行無常）。

しかし実際には人は自分や自分の愛する者は何時までも変わらず存在していると思い込んでいるものです（我執・我所執）。ところがそれらは無常だから必ず滅する時が来ます（生者必滅・会者定離）。そのときその消滅に遭遇した者は大いなる悲しみ、苦しみに襲われます。あるいはその消滅の予感は愁・憂・悩の感情を生じさせます（一切皆苦）。

涅槃寂静の仏の境地

その悲しみ、苦しみの原因はわたしたちが諸行無常なのに、我や我がものが常住不滅だと思い込んで欲望を追求し続けているからです。しかしそのような常一主宰の我は存在しません。常一主宰の我が存在しないのだから我のもの（我所）も存在しません（諸法無我）。この諸法無我の体解（認識と実践）が日常生活においてできれば、それが最上の安楽といわれる涅槃寂静の仏の境地です。

釈尊は無常性による世間的な幸福の限界を知って、無常性を超えた不滅で無上の安楽である涅槃の境地を体得されました（解脱）が、その境地を如何にして得るかということを鹿野苑における最初の説法で明らかにされています。これが四諦八正道であって、四つの真理と八つの正しい実践方法です。四つの真理とは苦であるという真理、苦には原因の集まりがあるという真理、苦の原因の集まりを無くせば苦が無くなるという真理、そしてこの苦の原因の集まりを無くすための八つの正しい方法という真理です。この四つの真理は前述の（　）で示した四つの句に対応しています。この四つの句は四法印といわれ、法は仏法、印は印鑑のことで、印鑑はそれを持っている人の証明ですが、四法印もこの四つがあれば仏教であり、この四つが無ければ仏教ではないことを証明するものだと考えられています。四諦と四法印の対応関係を図示すると以下の如くです。

四諦	四法印
苦諦――	一切皆苦
集諦――	諸行無常
滅諦――	涅槃寂静
道諦――	諸法無我

ただし、四法印は世間の因果と出世間の因果が逆になって説かれていて、それは前述のように、諸行無常、一切皆苦、諸法無我、涅槃寂静という順序になっています。

釈尊はあらゆる命あるものが免れることが出来ない無常性を超越して、大安楽・大自在の涅槃の境地を体得されました。

これは生老病死（この繰り返しを輪廻転生という）からの解放ですから、これを解脱といい、この解脱の境地が涅槃です。ここで大事なことは、釈尊は輪廻転生から解脱されると同時に解脱したということを知った（解脱知見）ということです。これによって釈尊はその解脱の方法を説法することが可能になったと考えられます。

釈尊は三十五歳で成仏してその後八十歳で入滅されるまで弛むことなく説法利生の教化を続けられました。釈尊の教えの中に次のような言葉があります。

最も良い財産は健康であり、
最も良い利益は知足であり、
最も良い親族は信頼であり、
最も良い安楽（幸福）は涅槃である。

後の大乗仏教では**不住涅槃**《ふじゅうねはん》という教えが説かれ、菩薩たちの生き様がこの教えによって明らかにされています。弘法大師が真言宗の読誦経典とされた『般若理趣経』にはこの不住涅槃による菩薩の利他行がそのまま大安楽・大自在であって、能《よ》く人々のために堅固な利益をもたらすという教えが説かれています。

釈尊は最も良い安楽である涅槃寂静の境地を体得されましたが、どのようにしてこれを得るかということを、その後の四十五年間人々に指し示されました。この説法利生の活動はまさに不住涅槃であったのではないでしょうか。

つまり、釈尊は生老病死等の四苦八苦を乗り越えられたとき、今度は人々がこれを乗り越えるよう利他行へとその人生の歩みを開始されたのでした。平成二十三年四月十一日、大震災から一か月経った日に、たまたまテレビを見ていたら被災された一人の若い女性が次のようなことを語っていました。「私はあんな大災害の中で生き延びることが出来たことに感謝し、これからは亡くなった人たちの分まで一生懸命生きていきたいと思います」と。

わたし（筆者）はこの言葉を聞いて、大きな感動を覚えました。彼女の心こそ復興を可能にする原動力になるだろうと思ったからです。何故ならこの女性の生かされているという喜びと、人々のためにという思いは釈尊や大乗仏教の菩薩の不住涅槃につながっていると感じたからです。

弘法大師ご自身の生き様もまさにこの不住涅槃であって、それ故、何時でも何処でもどんな人々であっても大師を信じ修法に出合えば、同行二人の加持を頂き、感謝と喜びの人生を送る力を得ることが出来るのです。

南無大師遍照金剛

終章2

真言密教の幸福観

幸福の定義

古代ギリシャの哲学者たちは幸福について語っていますが、それによると幸福は最終目的だといっています。幸福は他のためではなくてそれ自身のためにある。したがって人間のなすあらゆるいとなみは幸福のための手段であってそれ以外のものではない、というのです。

つまり人間のなすあらゆる行為は全て幸福を得たいがためになされているのだということです。これは幸福についての正しい定義だと思いますが、それでは幸福とは何か、については何もわかりません。

幸福というものを外面的な幸福と内面的な幸福とに分けて考えると、普通、外面的な幸福が幸福であると考えられます。ところが、外面的には幸福のように見えるが実際は幸福感を抱いてはいないとか、外面的には不幸に見えるが実際には無上の幸福を感じているということがあって、どうも一律に幸福というものを規定することが出来ません。しかしふつうは健康であるとか財産があるとか、社会的に認められた地位があるとか、将来に不安がないことが幸福の客観的な条件であるといってよいと思います。もちろんその場合それらの条件をすべて満たしていないと本当の意味で幸福だとはいえません。なぜならいかに財産があっても健康でなかったら幸福だとは必ずしもいえないでしょうから。

つまり、財産があるという意味では幸福だが、病気がちだという意味では幸福ではないといえるからです。したがってここでは客観的な条件をすべて満たしている場合には、人は幸福であるというふうに一応の規定をしておきましょう。

思い通りにならない人生

ところが「終章1」でもふれたように仏教の場合、世間的な幸福に対してはむしろ否定的であったといえます。

何故かというと、仏教の開祖である釈迦は世間的には全て幸福だったからです。ところがそういう人がその幸福をすべて捨ててしまいました。

そこに四門出遊というエピソードが語られています。

これはご存じの人も多いと思うので詳しくは述べませんが、ともかく城の四つの門から街に出てゆき、それぞれの場所で老人と病人と葬式と沙門に出会ったのです。

そして老病死が避けられないことを知り、この問題を解決しようとして、出城したというのです。釈迦にとって城は家ですから出城は出家ということです。釈迦は城にいる限り世間的な幸福を享受していたわけですから、その城を捨てることによって、いっさいの世間的な幸福を捨ててしまったことになります。

それが二十九歳のときで、難行苦行のすえ三十五歳で悟りを開きました。この悟りを開いたとき、「不死の法を得た。もはや再び生まれることはない」といった、と伝えられています。

釈尊は悟りを開くことによって何を解決されたのかというと、老病死の問題です。釈尊の最初の説法は四諦八正道であるといわれていますが、このうちの苦諦は生老病死の問題です。この生老病死はどれも思い通りになりません。

人が生まれるということは思い通りになりません。

この場合、生は生きることではなくて、生まれるということです。

同様に年を取ることも、病気になることも、死ぬことも思い通りになりません。

よく四苦八苦といいますが、四苦というのはこの生老病死のことです。

インドから中国に仏教が入った時に「ドゥッカ」というサンスクリット語を中国の翻訳者が「苦」と翻訳しました。釈尊の最初の説法は**四諦八正道**《したいはっしょうどう》ですが、その最初の苦諦（苦であるという真理）の苦はまさに「思い通りにならない」という意味です。そのようにいわれると確かに生まれる、病気になる、年を取る、死ぬことは「思い通りにならない」ものです。四諦と因果関係が逆になっていますがその内容は同じである教えに四法印があって、「**諸行無常**《しょぎょうむじょう》　**一切皆苦**《いっさいかいく》　**諸法無我**《しょほうむが》　**涅槃寂静**《ねはんじゃくじょう》」といいます。このうち一切皆苦が苦諦に対応します。生老病死の生を生きることと考えると、一切皆苦は人生のすべてが苦であることになってしまって、これでは誰もが反発を感ずるでしょう。

どうも仏教は暗いとか陰鬱であるという否定的な評価を受けがちだと思います。しかし生は生きることではなく生まれるということであり、生まれることも、年を取ることも、病気になることも、死ぬことも全て思い通りにならないといわれると、これには誰もが納得すると思います。釈尊はこの生老病死の思い通りにならない現実を超えようとして、出家修行の道に上られ、六年間の難行苦行の後、転迷開悟せられたのです。

仏教的幸福

この転迷開悟の結果は一切皆苦が乗り越えられたということですから、絶対的な安楽であり、一切の思い通りにならないことが無くなったので完全に自由自在です。また無常性が乗り越えられたのだから永遠不滅であり、かつ一切の煩悩の汚れが無くなったから清浄無垢である、ということになります。

これは後に涅槃の**四徳**（**常楽我浄**《じょうらくがじょう》）といわれています。いずれにしても釈尊はこの生老病死の繰り返し（輪廻転生）から解放され（解脱）、絶対的な安楽（涅槃）を得られたというのです。しかもただ解脱涅槃の境地に至ったのみならず、解脱涅槃したということを知った（解脱知見）といわれています。これは釈迦の悟りの本質をよく表している事柄であると思います。なぜなら単に解脱したのではなく、解脱したということを知ったというのです。このことによって釈迦はその解脱の方法を人々に説くことが可能になったわけです。

釈尊滅後八百年頃成立した唯識仏教では、この悟りを夢からの目覚めにたとえています。それによれば、わたしたちが生老病死の輪廻を繰り返しているときは、夢を見ているのと同じです。わたしたちの生存はその時々の条件によって幸せであったり不幸せであったりします（人間万事塞翁が馬）。幸せのときは喜び、不幸せのときは悲しみます。

そして一生を終ろうとする時にそれを振り返るとまるで夢のようだったということになる。またあまりにも幸せのときは「夢ではないか」と頬をつねってみたり、逆にあまりにも不幸せのときは「夢ならば覚めてほしい」といいます。

唯識仏教ではわたしたちの迷いの一生は夢を見ているのと同じで、これに対して悟りは夢から覚めた状態にあるのと同じだといいます。

夢を見ているとき、自分がどういう夢を見るかは思い通りになりません。

この思い通りにならないということが、まさに仏教のいう一切皆苦であって、仏陀の悟りはこの夢から覚めた状態にたとえられるのです。楽しい夢を見ているとき起されると何故起こしたのかと叱られるかもしれませんが、怖い夢を見て魘《うなさ》されているとき、母親が揺り起こしてくれると、ああ助かったと安心します。その時の母親が仏であり夢を見て魘《うなさ》されているのが衆生です。

仏は生死の夢から覚めて、大安楽、大自在の境地にあるから、衆生の迷いの夢を覚ますこと（説法利生）が出来ます。

それは仏が生死の夢から覚めて（解脱）、しかも夢から覚めたことを自覚しているからです（解脱知見）。夢を見ている人は夢を見て魘されている人を起こすことは出来ません。

唯識仏教の立場からいうと、この夢と夢からの目覚めはわたしたちの認識の根本問題に関わっていて、わたしたちは自己と自己の対象世界を実体視し、その実体視したものに執着しているのです。

この執着に基づいて行為し、その結果苦楽の果報を受けるのです。その苦楽の果報から解放されたいと願うなら、自己と自己の対象世界の実体視を離れなさい。そのようにして離れることが出来れば、怖い夢を見ているときに自分や自分の愛する者が恐ろしい化け物に追われて必死になって逃げているが、夢から覚めたときその化け物もその化け物に追われている自分も両方とも消えてなくなり、そこに大きな安らぎがもたらされることになるのと同じです。

これを幸福ということに当てはめて考えると、わたしたちが普通に生活しているとき、るか怖い夢を見るかは決められません。これは夢の中で楽しい夢を見るか怖い夢を見るかを決めることが出来ないのと同じです。また、夢は覚めない限り永遠に夢を見続けることも同じです。

生老病死の夢も、覚めない限り永遠に夢を見続けます。

つまり生まれては死に、死んでは生まれるという繰り返しを永遠に続けます（「生まれ生まれ生まれ生まれて生の始めに暗く、死に死に死に死んで死の終わりに冥し」弘法大師『秘蔵寶鑰』）。これを輪廻転生（第十一章参照）といいます。釈尊はこの輪廻転生の苦（思い通りにならないこと）から解放されました（解脱）。その結果、大安楽大自在の涅槃の境地を体得され、その涅槃に至る方法を人々に説法されました（解脱知見）ことになります。それ故これは普通の意味での幸福ではなくて普通の意味の幸不幸を超越した大安楽大自在の境地です。しかも目覚めた人のみが夢を見て魘されている人を起こすことが出来るように、仏も恐ろしいこと、悲しいことに苦しむ衆生を救済することが出来ますし、またそれをある場所、ある時期のみではなくて永遠に果たすことが出来ます。

何故なら仏は**三界**（**欲界・色界・無色界**）、**六道**（**地獄・餓鬼・畜生・人・阿修羅・天**）の輪廻という空間性・時間性を超越してしまっているからです。

よく**地蔵菩薩**が六道を経巡って衆生を救済するといいますが、そのようなことが可能であるのは、地蔵菩薩が六道という存在の形態を超越し、しかもこれらの衆生を救済するという誓願を立てているからだと考えられます。また、**観世音菩薩**が三十三種類の姿を示現し、あるいは千眼千手をもってあらゆる衆生を救済することが出来るという信仰も、菩薩が悟りを開いて、あらゆる存在の形態を超越し、しかもあらゆる衆生を救済するという誓願を持ち続けているからこそ可能なのでありましょう。

四つの幸福の限界

さて仏教の幸福観は、世間的な幸福観とは根本的に違っていることが、これで明らかになったと思います。仏教の幸福観からいうと、世間的な幸福は幾つかの意味で真の幸福とはいえません。それは次の四つの理由によります。

（1）世間的な幸福は条件付きであって、幸福である条件が満たされていないと幸福ではなくなってしまう。たとえば財産があって幸せを感じているときは、財産があるという条件によって幸せなのである。もしその財産が無くなってしまえば幸せであった分だけ不幸せになる。同様に美しい奥さんとかわいい子供がいて幸せを満喫している時に、子供が交通事故で亡くなってしまったら、この世に自分ほど不幸せな者はいないと嘆くはずだ。このように世間の幸せはすべて条件付きであってその条件が無くなればそれだけ不幸せになることを示している。

（2）世間的な幸せは部分的であって、完全な幸せということはありえない。これは前にも述べたように、財産があって幸せだが病気がちであるために本当に幸せであるとはいえないとか、その逆に健康そのものだがお金がないので食べたいものも食べることが出来ない、などといった場合があって、完全な幸福などというものはまずありえないということが出来る。

（3）世間的な幸せは無常性の影に常に脅かされている。客観的な条件が全て満たされ、幸福の絶頂にあると感じているときでも、いつかはそれが終わるという不安を無くすことは出来ない。夏の花火の美しさや賑やかなお祭りも、終わった後の寂しさにいつも付き纏われているという経験は誰しも持っているのではないか。

（4）世間的な幸せは自己の幸せが他の不幸せによって得られている場合が多い。自分が恋人と添い遂げられたとき、その陰で何人の友が泣いていただろうか。ウナギを食べてうまいうまいといっているとき、ウナギは死ぬほど苦しんでいる。［若きシッダールタ（釈尊の幼名）は掘り返された畑の土の中にいる虫を小鳥が食べ、その小鳥を鷹が捉えるのを見て深い物思いに沈んだと伝えられている。］

以上のように普通の世間的な幸福は条件性、部分性、無常性、罪責性という限界を免れることが出来ません。しかし仏陀の悟りによる解脱涅槃の体験はまさにこれら四つの幸福の限界を超越したものであって、ここに仏教の幸福観の次元を異にする完璧性を見ることが出来ます。

それでは釈尊はただこのように完璧なる大安楽大自在の涅槃のうちに留まっていたのでしょうか。

三十五歳で悟りを開かれた後、八十歳で入滅するまで釈尊は人々に対して説法利生の行脚を続けられました。それは前述の如く、夢から覚めた人が夢を見て魘されている人々を目覚めさせていくかのごときものでした。

そのような目覚めを得た人々はいずれも宗教的救いのもたらす幸福を味わったのであると思われます。同時に釈尊は世間的な幸福の条件とみなされる、財産や利益や親族についても味わい深い言葉を残しています。それは「最も良い財産は健康であり、最も良い利益は知足であり、最も良い親族は信頼である」というもので、最後は「最も良い安楽は涅槃である」という言葉です。

釈尊は悟りを開くことによって涅槃の境地を体得され、そのような境地に如何にして到達することができるかを説法されました。その説法は最初は四諦八正道であり、また五蘊や十二処、十八界説、縁起説、無我説等です。これらの教えを奉じて釈尊と同じ境地を目指した人々の集まりがサンガと呼ばれました。

このサンガは「**和合衆**」という意味で、出家の比丘・比丘尼と、在家の優婆塞・優婆夷の四衆で構成され、出家者は修行に励み、在家者は三宝（仏法僧）に帰依して、僧侶の生活を財政的に支えました。

釈尊の最初の説法は四諦八正道であることは前述した通りですが、その後の歴史的に展開したすべての仏教の教えはこの最初の説法の埒外のものではないと思います。

しかし、実際にはこの四諦八正道はある時期から正当な評価を受けることが少なくなりました。特に大乗仏教が仏滅後四百年頃興起すると、それまでの仏教教団が釈尊の教えを実体化し、人々の救済を忘れて自分だけの悟りと法の分析に終始していることを批判しました。そして一切衆生の救済こそが**無上正等正覚**《むじょうしょうとうしょうがく》（**阿耨多羅三藐三菩提**《あのくたらさんみゃくさんぼだい》）の条件であるとして（自未度先度也）、不住涅槃（涅槃に止まらずに永遠に衆生済度の菩薩行を続ける）という新しい仏教の立場を標榜し、これを大乗仏教と命名し、それまでの仏教は小乗仏教であるとしたのです。

それ故、四諦八正道は小乗仏教だからダメだということになり、また思い通りならないという意味を苦と訳したために、真理が誤解されてしまった。

大乗仏教の幸福観について述べると、前述の唯識仏教の幸福観がそのまま対応できます。即ち大乗仏教の菩薩は釈尊が悟りを開いて後、人々の救済活動に専心されたのと同様に、自分たちも釈尊の在り方と同じあり方をすると誓願を立て、しかもそれを一切衆生が救済されるまで続行するとしたのです。その場合、菩薩は釈尊の悟りと同じ悟りを開いて涅槃の境地を体験していなければなりません。

しかし、その涅槃の境地に止まらないというあり方を取ることになります。これを喩《たとえ》でいうと、菩薩は生死の此岸から涅槃の彼岸へ大きな船で人々を導きますが、その船は大乗という乗り物です。菩薩はその船の船長にたとえられますが、その船長は既に涅槃の彼岸に行ったことがなければ人々を導くことは出来ない、ということになります。これを幸福に関連させていえば、菩薩は最良の幸福を体験し、しかもその体験を全ての衆生が得るよう教化活動に専念するということです。

真言密教の幸福観

釈尊の滅後、仏教はどのような歴史を辿ったかというと、最も大きな問題は、釈尊の悟りの問題でした。幸福に関していえば、もし悟りを開けなければ最良の幸福である涅槃を得られず、結局は悟りを得ないままで死んでしまうことになり、涅槃に到達しないで死ぬことは、再び来世に生まれて輪廻転生を繰り返すことです。これでは釈尊の説法の意味がないことになりはしないか、と思われたのです。

それにいったい釈尊の到達した悟りの境地とはいったいどのようなものだったのだろうか。このような疑問に対して、釈尊滅後、解答を出そうとする多くの大乗経典が現れました。

その代表的な経典が、『涅槃経』『法華経』『華厳経』などです。これに対して弘法大師が依拠された『大日経』や『金剛頂経』は密教経典であり、弘法大師はこれらの経典と幾つかの論によって、真言密教の教学を体系化されたのです。

このうち『大日経』によって、密教の幸福観はどのようなものであるかを見ることにしましょう。

『大日経』は釈尊の悟りの智慧を一切智智とし、この一切智智を得た仏を大日如来とし、この大日如来に金剛手秘密主というお弟子が質問し、これに対して大日如来がお答えになるという形でお経が始まっています。

そこで金剛手秘密主の質問は、太陽にたとえられる大日如来の一切智智を獲得するための、「因と根と究竟は何ですか」というものです。これに対して大日如来の答えは、「因は菩提心であり、根は大悲であり、究竟は方便である」というものでした。

さらに金剛手は「菩提とは何ですか」と尋ねると、これに対して「菩提とは実の如く自心を知ることである」と答えられ、さらに自心はあらゆる規定を離れている虚空の如きものであるといわれています。

お経の第一章では、この虚空無垢菩提心を如何にして獲得するかという方法が詳細に説かれていますが、ここでは省略します。『大日経』が密教経典といわれる所以は、この虚空無垢菩提心を因として、一切衆生を救済しようとする大日如来の大慈悲の誓願（印契）の働きがあらゆる衆生の姿をとってこの世界に出現し（曼荼羅）、説法（真言）利生の活動をしているありさまが説かれており、修行者がこの活動と一体化（三密加持）することによって、大日如来の秘密荘厳の世界がその場に実現するとされているからです。

具体的には真言密教の寺院で行われる葬儀や加持祈祷は大日如来の弟子となって成仏を果たし（葬儀）、あるいは大日如来の広大無辺の加持力を頂いて未来の幸運を期し、これから起こるかもしれない災難を防護する力を頂く（加持祈祷）ということです。

今日の日本や世界は経済不況や自然災害、更には様々な人的災害に翻弄される心配があります。そのような状況の中にあって、大安楽、大自在の大日如来（お不動さまは大日如来の教令輪身です）の加持力を頂いていると信じ、いまある縁に感謝し、人々に悲しみを与えず、幸せを与えるよう努めることが大切であると思います。

南無大師遍照金剛

補章

マンダラ世界を創造する人——弘法大師の目指すもの

お経をあげても何が何だかわからない

弘法大師は思想だけではなくて当時の、平安時代の日本社会において、仏教・真言密教というものを広く伝えました。さらに、社会的な様々な事業をおこない、橋をかけたり、満濃池《まんのういけ》という貯水池を造りました。今でもございます。また、綜芸種智院《しゅげいしゅちいん》という一般庶民の、誰でも入れる学校を創られたわけです。芸術の面においても、自ら仏像を彫られる、あるいは曼荼羅を画く、あるいは書のほうでは三筆といわれ、現在でも、実に素晴らしいということで高く評価されています。そういったマルチ人間というのでしょうか、あらゆるところに業績を遺されておられます。

今の時代にあっても、お大師さまの信仰は日本全国に広がっています。川崎大師の信仰、四国の大師信仰、南無大師遍照金剛と唱えながら四国をお遍路することが盛んにおこなわれています。四国には、日本全国から多くの人が遍路に訪れています。そういう意味では、大師の残された業績と、信仰は深く広く日本に浸透しているわけです。

そういう弘法大師のお考えは、どういうふうにして出来たのでしょうか、どういう特徴があるのでしょうか、そういうことをお話ししたいと思います。

まず、私は、弘法大師の教えを勉強する前に哲学を大学で学びました。仏教も哲学ですが、日本の大学で哲学というと、西洋哲学を意味します。ドイツとかフランス、イギリスあるいは、もっと前のギリシャ、そういうヨーロッパの哲学を指します。ですから哲学科に入ると、仏教は全然勉強しません。ドイツ語とか英語は勿論ですが、フランス語とかさらにギリシャ語などを使って西洋の哲学を勉強するわけです。

私は寺に生まれて中学生の時からお経を、毎朝師匠と一緒に上げさせられました。しかし何が何だか意味がわからない。皆さんの所にも回って行くと思いますが、お盆には棚経といいまして、暑いさ中、衣を着てお檀家さんを回ってお経を上げることを子供の頃からやっていたわけですが、どうも意味がわからない。そこで大学に入って哲学の勉強をしたいと思ったわけです。仏教そのものは全然勉強しなかったのですが、仏教を勉強するきっかけになったのは、大学の哲学科にいっている時に、弟が突然亡くなったことです。それがきっかけで仏教を勉強するようになりました。それまでは、お寺でありながら関心は無かったという状況でした。

仏教の勉強を始めて〝人間の生と死の問題は西洋哲学では解決できない、仏教でしか解決できない〟と覚りました。それから仏教の勉強をずっとしてきたわけです。

最初は弘法大師ではなかったのです。皆さん大日如来という仏さまの名を聞いた事があると思いますが、修士論文で『大日経』を取り上げました。『大日経』というお経には漢文と、チベット語のテキストがあります。漢文だけで『大日経』を勉強するのではなくて、チベット語のテキストも使ってそれを比較しようというわけです。そういうわけで『大日経』を知る事になりました。実はその『大日経』が、後になって弘法大師の教えの根本にあったことに気がつきました。それから弘法大師の思想の中に入っていったわけです。

西洋哲学と科学技術

これもやはり後で気がついたことでありますが、一つは、西洋哲学ではだめだということが、人間の生と死の問題をきっかけにして解ったことと、『大日経』を漢文とチベット語のテキストを使って勉強したことによって、弘法大師の教えの根本にその『大日経』があることが解りました。実は弘法大師が勉強された頃には、チベット語のものはありませんでした。そういう意味では、私は弘法大師がご覧になれなかったチベット語の『大日経』と『大日経』の註釈を見ることができたわけです。弘法大師の時代にはなかったテキストを使って『大日経』を勉強することができたのです。

後から考えて、西洋哲学というのはいったい何なのかと思いました。

その当時考えていた事と、現在の考えは違いますが、当時、西洋哲学より仏教だと思ったのは、結局、西洋哲学とは自我、我という問題をめぐっていて、それがどうしても崩せないのです。それが西洋哲学の大前提になっているわけです。また、現代の世界において、科学というもの、科学技術というものを抜きにして現代を語ることはできません。

科学技術の問題は、弘法大師の時代にはなかったわけですから、勿論、満濃池を造る技術は、お大師さまが教えられたと思います。しかし新幹線でパッと京都に行ってしまうとか、飛行機でヨーロッパ、アメリカに行ってしまうとか、そういうことは無かったわけです。お大師さまの時代とは違った世界が現在あるわけです。ですから私は、お大師さまだったら、この時代のあらゆる思想、宗教というものを勉強されて、そして総合的な仏教を打ち立てられたと思うわけです。あるいは、先ほど申しあげたように、お大師さまは、社会的に人々を救済する事業とか、芸術とか、そういうものをなされたに違いないわけです。もしお大師さまが現代におられたならば、当然、西洋の哲学とか、現代社会を特徴づけている科学技術の問題を考えられて、教えの中に組み込まれたと思います。そういうことをやっていくことが弘法大師の本当の願いといいますか、お大師さまの精神を現代に活かすことになると、私は思っているわけです。

科学技術というのは、現代、西洋社会を特色づけています。その科学技術は、実は、西洋のキリスト教社会の根本を揺さぶってしまいました。つまり聖書に書いてある事が、科学技術によって覆されてしまった。一番典型的な例は、地動説と天動説という問題です。それまでは地球が中心で、太陽や月が回っているという考えでした。朝太陽が昇って、夜は沈む。月は夜出て明け方には沈んでいくと。地球の周りを月や太陽や星が回っていると、誰もが理解していたわけです。ところが望遠鏡が発明され、その望遠鏡で天体を観測していると、どうも変な動きをする星があると。何故そういう動きをするのか、全部同じ動きをしていない、それが幾つかあります。そこで理論をたてて、太陽の周りを回る、いわゆる惑星——水星とか金星とか火星です。地球もその一つです——地球から金星や火星を見ると太陽や月とは違った運動をします。ガリレオ・ガリレイという人がそれを発見し、地動説を唱えたのです。あるいはコペルニクスという人も唱えました。そこで、聖書のいっていることと違う、といいだしたわけですから、それは聖書に対する大変な冒涜になりました。ガリレオ・ガリレイは、ローマ法王庁に呼ばれました。もしそれを撤回しなければ、焚殺だといわれたわけです。殺されるのはいやですから、地動説を撤回します。でも、ローマ法王庁から外に出た時に、誰もいないのをみて、でもやはり地球は太陽の周りを回っているんだよ、と独り言をいったそうですが。

進化論が突きつけるもの

もう一つは、進化論です。聖書では、人間や動物は全部神様が造ったと、人間以外の動物は人間のために神様が造ってくれたと教えています。ところが、ダーウィンという人がガラパゴス島に行って、昔のままの姿でいる生物を発見して、生物は進化して別なものになったんだといいだしました。そうしますと、人間も最初から人間でなくて、猿から進化してきたんだ、ということになってきます。すると神様が人間を造り、その他の動物もみんな人間のために造ったという教えはおかしいということが解ってしまいます。神様が生物を造った。あるいは宇宙を造ったという創造神話は、実際にはそうでないことが誰にでも解ってしまったわけです。聖書の記述というものがおかしいのではないか、そうなると、信仰にも差し支えます。それに神様の存在そのものが、疑わしくなります。

ですから人間は、聖書に書いてあることではなく実際に自然を研究して、自然の力を引き出していかなければいけない、というのが科学なのです。それを哲学では認識といいます。人間の認識は何に基づいているか、それまでは聖書に基づいて認識していましたが、近代のヨーロッパでは、人間の認識は、人間の経験した事柄をもとに理論化していくようになります。実際に自分で経験したことでなければ、実際に証明されなければ、理論として成立しません。そういう事が認識論として哲学の中で成立していきました。

例えば蒸気機関は、どのようにして発明されたかというと、ワットという人がヤカンの蓋が沸騰して動いているのを見た結果です。鉄の蓋が動いているのは、蒸気の力によることに気がついて、その蒸気の力を使って、車輪を動かすことを思いついてできたのが蒸気機関車です。それまでは馬が、一番力が強かったのが、蒸気機関車では何十人、何百人という人、あるいは荷物を運んでしまいます。産業革命の原動力となったのは蒸気機関です。

そこには、神様とかは一切存在しません。自然の力を利用して、人間が物を運ぶ機械を作った。飛行機もそうです。人間には空を飛びたいという願望があったわけで、崖の上から羽根をつけてバタバタさせてみたり、様々なことをやっていました。実際に空を飛べることがわかったのは、ライト兄弟の力によります。飛行機の翼をどういうふうにしたら、浮力が、翼にかかるかということを研究したからです。つまり、鉄のように重いものが動力だけで空を飛ぶ事はできません。しかし、翼に風があたって翼が持ち上げられれば、浮力で飛ぶわけです。そこで浮力をどういう翼の形にすれば、最も有効に使えるかを研究したわけです。普通の状態では研究できないから、大風が吹いている時に研究するうちに人工的に風を出す風洞を作りました。そこで実験して、翼をどういう形にすれば一番いいかが判明していく。動力も最初は足で漕いだりしましたが、ガソリンエンジンが発明され飛行機ができたのです。

最近も科学で極めてショッキングなことが起こっています。新聞やテレビで報道されていますが、クローン牛のことです。同じ牛から全く同じ牛ができるのです。イギリスではクローン山羊のドリーちゃんができました。普通生物は、雌雄、男性と女性の結合によって誕生するわけです。ところが、クローン技術により、卵子の中の核を取り出して遺伝子を核の中に注入し、その卵子に電気的な刺激を与えると、その核が分裂します。その分裂していったものを母体に戻すと、同じ遺伝子を持った全く同じ牛や人間など、なんでもできるのです。

キリスト教ではイエス・キリストが神の子となっています。何故、神の子なのかというと普通の生まれ方ではない、つまり、夫はいたけれど、夫との交わりなしに、生まれて来たのがイエス・キリストだからです。それが神の子だという証拠になっています。ところがクローン技術によれば、生殖なしにクローン人間が何人でも生まれるわけです。そうなると、クローン人間は男女の交わりなしに生まれた子だから神の子かということになりますが、勿論そんなことはありません。つまり科学技術とは、宗教の世界を否定していくような事態を現在起こしているわけです。

人間の細胞は一人の人間に六十兆個もあり、その中に二十三個の生殖細胞があるそうです。ですから、もし母体があれば、その母体の生殖細胞の数だけ皆さんと全く同じクローン人間が、この世に生まれてくることになります。どうしますか、そうなったら。今までは、肉体が滅びて霊魂が残っているという考えであったわけでありますけれど、そうではなく、全く同じ体がずっと残って、魂は死んでしまう。ということになるんでしょうか。そうなってくるとキリスト教は非常に困ったことになります。

実は、細胞、遺伝子は時間を超えられません。六十歳の人間の細胞から造ったクローン人間は六十歳の細胞で生まれてきます。つまり我々の細胞は、常に生まれては死に、生まれては死んでいます。最初にできた細胞がそのままあるのではありません。六十兆個の細胞は常に生滅をくりかえしています。ですから六十歳の人間の細胞は六十歳の細胞なのです。ということはそれによって作られた人間は、生まれてきたときは零歳だけれど、すに六十歳の人間の細胞をもって生まれてきます。あと寿命が二十年しかないとすれば、二十歳で死んでしまう。しかも、クローン人間から更にクローン人間を造ることはできません。だから永遠に皆さんの体が同じ状態で残っていることはありません。したがって、現代の科学、医学が発達していても、科学技術によっては、生死の問題は解決できないのです。

仏教の根本問題

仏教はどうかということになりますと、仏教の根本問題は生老病死です。これは弘法大師も最初に『三教指帰《さんごうしいき》』を書かれたときに、その問題を解決しているのが仏教だといわれています。儒教や道教ではなくて仏教はその問題を解決している、といわれているわけです。

しかし、その頃は、お大師さまはまだ二十歳代でしたから、仏教の中で、最高の教えは何かということが解りませんでした。それで東大寺の大仏・毘盧舎那仏《びるしゃなぶつ》に祈願をして、夢の中でお告げを受けました。大和の久米寺の東の塔の下にお前の求めている不二の最高の教えを説いたお経がある、と。大和の久米寺にいって、東の塔の下には書庫があったそうですが、『大日経』を発見しました。しかし、お大師さまほどの方が読まれても、解らなかった。それでそれを解ろうと思って、中国に渡ったといいます。ですから『大日経』は、お大師さまが中国に渡る理由だったわけです。そうして長安の青龍寺において、お大師さまの師である恵果阿闍梨《けいかあじゃり》に出会われました。そして恵果阿闍梨から『大日経』と『金剛頂経《こんごうちょうきょう》』という二つの重要な経典の伝授を受けたわけです。

二つのお経の伝授を受けたのは、弘法大師と新羅《しらぎ》の僧がいましたが、この方は早く亡くなってしまわれました。弘法大師は恵果阿闍梨から、それを早く日本に持ち帰って広めるようにといわれました。しかし、単に『大日経』や『金剛頂経』だけを広めたのではなくて、その根本精神を体現して、それを日本の社会に広めたのです。弘法大師はそういう方です。

『大日経』は教えが深遠で深い、それを人々に解らせるためにはどうしたらよいかということが『大日経』の注釈書の中に書かれています。深遠だから曼荼羅というものによって人々に知らしめる、ということが書いてあります。

曼荼羅は実際に仏の世界が書いてあります。仏の世界をお経であらわすと、文字を読めない人もいるし、膨大なので読みこなしたり理解したりできない人がいます。しかし、それを曼荼羅という絵にして示せば、「これが仏の世界なのか」と解る。さらに解説を聞けば、大日如来や多くの仏さまの働きや、菩薩の働きが全部解るように曼荼羅の中に込められているわけです。それは密教を広めるための手段でありますが、一方で密教そのものが曼荼羅思想なのです。

結局、科学技術は、便利で安くて大量に物を運んだり、人間の細胞まであきらかにしてしまう。あるいは原子爆弾みたいなものまで造ってしまうわけです。けれど、結局それは全部、部分であって、人間の全体的な生き方とはそういうところからでてこないのです。ですから科学技術によってできたものは、よいことに使われるけれども、悪いことにも使われてしまいます。飛行機がなければ、「9・11」のニューヨークのテロは起きなかったかもしれません。

技術は人間の生き方を便利にしたり、早く大量にしたりしますが、実際それらを使うのは、一人一人の人間です。

そしてその一人一人の人間がひとつの全体的な宇宙なのです。そういう世界を表わしているのが曼荼羅です。

科学とは理論ですから数字です、数字にはわれわれの五感というものが入ってきません。たとえばいつもコンピューターを使っていると、人間関係が全然育まれません。コンピューターの世界では、画面だけですが、人間というのは目で見るとか耳で聞くだけでなくて、匂いをかいだり、あるいは味わったり、触ったりという、そういう全体的な存在でしょう。五感といいますが。そういうものの全体の働きがわれわれです。科学技術は、われわれの生存、生き方とは全然関係ありません。全然とはいい過ぎですがほんの少しの関係に過ぎません。

しかも科学技術は、できるだけ長くものをもたせたいことになっています。生老病死はそこには入ってきません。医学ではいかに命を存らえるかということをやっていますが、死そのものを解決できません。病気そのものにたいしてどういうふうに対処するかは教えてくれないわけです。チューブをつけて生かされているだけ、今そういう事態にもなっているわけです。勿論、医療技術の素晴らしさは認めますが、それを自分がどう受けとめるかは皆さん一人一人の生き方にかかわっているのです。

自分はどう生きるか、ということをきちんと示すのがまさに仏教です。それをわれわれは見なければいけません。弘法大師の教えの中に五感、耳鼻舌身意《にびぜつしんに》という世界があることを見るべきです。

それぞれの芸術の世界では、色とか、形とかが重要ですが、弘法大師の芸術の中でもこれらは大変重要視されているわけです。たとえば、鎌倉時代の禅宗では水墨画でした。ところが密教では三原色と五色、赤と黄色と青と黒と白とそういったものを使って仏を表わします。われわれは、一人の人間としてはそういう五感と、更に身口意――身体と言葉と心――も大切にしなければいけません。その働き、これを調和した世界の中で生かしていくのが、真言宗の教えです。曼荼羅とか三密といいますが、それは全部、弘法大師のとらえられた世界の中に入っています。われわれが生きている根本にお大師さまの思想があるわけです。

皆さん、仏教というものが二千五百年もの時代を経て、今でも続いていることの理由はなんであろうかと考えられたことがありますか。

わたしたちが、生まれて歳をとって病気をして死ぬという問題を仏教は解決しています。それを解決したのは仏であるわけです。その仏が人々に教えを説いた。その教えが更に弘法大師によって受け継がれて、説かれているわけです。そういう意味でわたしたちは仏の世界が実際にわれわれを救済してくれることを、信ずることが大事だと思います。お大師さまの教えが、お大師さまに対する信仰が私たちを救ってくれる、と信じなければだめです。

そして信じた時に、わたしはその根本は何かということを考えます。

お大師さまは非常に難しいこともいっています。けれど、簡単にいってしまえば、私たちは今ここでこうやって生きているということが、最高なのだ、絶対なのだということです。一人一人がそれに気がつくことが大切ではないかということだと思います。

曼荼羅の〝効用〟

今朝、朝飯を食べた、あるいはこれから食べるかも知れませんが、その朝飯は、皆さんの人生の中で一回しかありません。そうしますと徒や疎かには食べられないということになります。こんなに有難いことはありません。こうやって生きてお互いに、時には憎らしいこともあるし、怒りたいこともあるけれども、そうやって縁があって、自分の家族や、あるいは友人、知人、社会があることに気づくのは、素晴らしいことです。これを有難いと思わなければ何を有難いと思うのか、そういうふうになってくると思います。そういうふうに思うと、一つ一つの事柄を大切に思う、有難いと思う。それが自分の気持を嬉しくさせます。自然の青葉を見て素晴らしいなと思うわけです。

芭蕉に「山路きてなにやらゆかしすみれ草」という俳句がありますが、山道の暗いなかをきて、ひろびろとした野原に出ると一輪のスミレが咲いていた。ゆかしいというのは、奥が知りたい、奥深いという意味ですが、その大自然の力がスミレの中にパッと現われている、そこに目を向けた俳句だと思います。スミレであろうと、なんであろうと、一つ一つのものに命が宿ってそして生かされていることに気がついてくる。そうしますと、今度は気がついたことが嬉しくなってきます。嬉しくなってきたところに、われわれは人生の素晴らしさを発見していくのではないでしょうか。お大師さまは、そういう一つ一つの、それぞれが命を持って、躍動している世界を、曼荼羅として画いてらっしゃるのです。

曼荼羅を拝むことと同時に、その曼荼羅の世界に感謝をして、手を合わせて拝み、そして歓びをいただいていく、そういう生活が毎日毎日できますと、世界が平和で調和のある素晴らしいものになっていくのではないかと思います。お大師さまの願いもそういうところにあったのではないかと思う次第です。

南無大師遍照金剛

［後書］——人生の様々な悩みの解決を誰しも、何時かは、必ず迫られる

今日の世界にはいろいろな宗教があり、人々はどのような形であれ何らかの宗教に関与し、冠婚葬祭などの儀礼の中にも必ず宗教的意味が含まれています。

それでは宗教とは何かとか、仏教やキリスト教やイスラム教はどこがどう違っているのかとか、仏教徒は何を信じているから仏教徒なのか、キリスト教徒は何を信じているからキリスト教徒なのかといった質問をしても、なかなかはっきりとは答えられないのではないかと思います。

特に日本人の場合、檀家寺が決まっていて、葬式やお墓参りは自分の寺で行っているのが普通ですから、自分の寺の宗旨が何であり、それは他の宗旨とどう違っているかとか、その宗旨と仏教とはどういう関係があるのかといったことはあまりよく知らない人が多いですし、また知らなくても毎日の生活には何の支障もないと思っている方が多いと思います。

しかし、今日、中東や欧米で起こっている戦乱やテロの背景には、国家間の対立だけではなく民族や宗教の違いや対立が色濃く絡んでおり、しかもその対立の歴史も大変長いので、一朝一夕で平和と繁栄が戻るという期待は持てそうもありません。

一方、アジアでは、はげしい宗教的対立抗争は比較的ほとんどないといえますが、資本主義体制と共産主義体制という制度的な対立が根強く残っており、これも何時融和していくのかという見通しがつかない状況です。

体制上の問題はさておき、世界の宗教はどう違い、どこが共通しているのかを知ることは、仏教とは何か、仏教徒であるための条件は何か、を理解するために必要ではないでしょうか。たとえばリンゴの味はブドウやレモンを食べてみてはじめてその特徴がわかるのと同じです。

さらに大事なことは、誰でも何時かは身内が亡くなったり親友が亡くなったりするから、その時初めて悲しみのなかで宗教や仏教の儀式や説法に出会い、あるいは自分が病気になって死に直面したり、死を予感したりすると、やはり死後どうなるかとか、死の恐怖に苛まれながらそれをどのように乗り越えるかという問いへの答えを必死になって求めるでしょう。

また、老病死の問題だけではなく、人生の様々な悩みの解決を誰しも何時かは必ず迫られる時があるはずです。

私たちが苦しみや不幸を乗り越え、安らかで幸せな生活を送るには単に政治的、経済的、社会的に平和であり、生活が安定していればそれで十分だというわけにはいきません。勿論、それらは一般的には幸福の必要条件ではあるでしょうが十分条件ではありません。

さらにこれらの必要条件は国家間の紛争や、民族対立、階層対立、自然災害、交通事故などによって、たちまち崩壊してしまいますし、たとえそのような安定が保たれても、家族や個人の病気や死は必ず訪れるからその幸せは一時的なものに過ぎません。そういう時、政治や経済や社会や文化では解決できない問題が生起しているということが出来ます。

宗教や人生哲学はまさにこの場面でこそ必要とされるといってよいのです。ただこうはいっても人々は民族や地域社会の伝統的な宗教環境の中で生活しているので、家族の死や自分自身の死について、敢えてわざわざこれを考えなくても、既成の宗教儀礼で解決していると言うことも出来ます。この慣習的な宗教儀礼は生活習慣でもあるから、敢えてその意味を問うとか、他の儀礼との違いはどうかとか、なぜそのような違いが起こるのかなどということは不問に付してしまうのが普通でしょう。

しかし、自分自身や愛する者の死や、老病死の苦しみや悲しみを根本的に乗り越えたいと思ったら、その時にはどの宗教を選ぶかとか、少なくともそれぞれの宗教の教義はどう違うかという疑問が湧いてくるはずです。

そこでこの本では世界の諸宗教の教義的な違いと、特に仏教の場合の特質を明らかにし、最後に密教をやさしく説いてみました。

また、諸宗教の違いだけでなく、古代から哲学と宗教とはどのような関係にあったか、宗教と倫理（道徳）とはどのような関係にあったかについても明らかにしました。

『やさしい密教』というテーマの本書の後書きで、このようなことを述べたのは、わが国における真言密教の開祖である弘法大師空海の教えが、仏教の範疇を超えて他の宗教や道徳の概念を包摂し位置付けているからです。

そればかりではなく、世界には南方仏教とか北方仏教とか、チベット密教があり、日本にも八つの大きな仏教の宗派や、いくつもの新興宗教があります。その中で、空海の密教はチベット密教を除いて、南方仏教や北方仏教、日本の南都仏教、平安仏教のうちの天台宗を含めた全ての宗教と仏教の各宗派を体系的に総合し、しかも当時の日本に存在した儒教や道教の教義も包含して一大統合仏教を構築したのです。

密教とはこの一大統合仏教のことなのです。

従ってこれを「やさしく」説くということは至難の業でもあります。

川崎大師平間寺という寺院が神奈川県の川崎市にあることは、多くの人に知られていま す。毎年正月には三百万人もの人々が厄除けや開運祈願のためにお参りしています。この 平間寺は前述の弘法大師空海をお祀りしている寺であり、「川崎大師だより」という小冊 子を発行しています。そこに信徒向けに何回か投稿した密教に関する論考をまとめたもの が本書になりました。

南無大師遍照金剛

初出一覧（「川崎大師だより」）

前書　書き下ろし
序　南無大師遍照金剛（昭和 48 年 7 月 1 日）
第一章　お大師さまの教えに学ぶ（昭和 60 年 2 月 1 日）
第二章　菩提心（平成 3 年 4 月 1 日）
第三章　真言は不思議なり（平成 3 年 11 月 1 日）
第四章　真言（昭和 61 年 9 月 1 日）
第五章　大日如来と『大日経』（昭和 62 年 5 月 1 日）
第六章　大日如来（平成 2 年 3 月 1 日）
第七章　　顕教と密教（平成元年 7 月 1 日）
第八章　教相判釈（平成 7 年 9 月 1 日）
第九章　法身説法（昭和 60 年 8 月 1 日）
第十章　即身成仏（昭和 61 年 2 月 1 日）
第十一章　十住心思想（①昭和 63 年 2 月 1 日、②9 月 1 日）
第十二章　苦の根源を絶つ——弘法大師というナビ（平成 6 年 9 月 1 日「顕教と密教」を改題）
終章 1　仏教の幸福観（平成 23 年 5 月 1 日）
終章 2　真言密教の幸福感（平成 24 年 4 月 1 日「仏教の幸福観と真言密教の幸福観」を改題）
補章　マンダラ世界を創造する人（平成 15 年 10 月 1 日）
後書　書き下ろし

［著者略歴］

吉田宏晢（よしだ　こうせき／ひろあき）

1935年生まれ。

東京大学人文科学研究科大学院修士課程（哲学専攻）、大正大学仏教学部大学院（真言学専攻）修士課程を経て、東京大学大学院人文科学研究科（印度哲学仏教学専攻）博士課程単位取得満期退学。1991年「空海思想形成過程の研究」で、早稲田大学博士（文学）取得。1983年大正大学教授。1997年大正大学大学院研究科長、2005年大正大学を定年退任、名誉教授。2009～2015年同大学常任理事。現在（2015年～）、真言宗智山派宗機顧問。菩提院結衆集議。埼玉県本庄市西光山宥勝寺（写真・上）住職。

1997年密教学芸賞受賞、1999年比較思想学会会長、2000年日本密教学会理事長、2004年智山伝法院院長、2005年地球システム倫理学会副会長、2007年密教教化賞受賞。2022年第32回中村元東方学術特別顕彰受賞。

・主な著作に、『空海思想の形成』（春秋社、1993年）。

・主な共著編に、『仏教の真・善・美・聖（エピステーメー叢書）』編（朝日出版社、1980年）。大谷旭雄、坂上雅翁『浄土仏教の思想７』（講談社、1993年）。『佛――智慧と教え』編（青史出版、2000年）

・主な原典、編集・翻訳

那須政隆編『国訳秘密儀軌　第十九巻』（国書刊行会、1974年）p.214.

那須政隆編『国訳秘密儀軌　第二四巻』（国書刊行会、1974年）p.196.

那須政隆編『国訳秘密儀軌　第二九巻』（国書刊行会、1974年）p.233.

那須政隆編『国訳秘密儀軌　第三巻』（国書刊行会、1975年）p.332.

・主な訳注、校訂

〈訳注〉宮坂宥勝編『空海全集第一巻』（筑摩書房、1983年）pp.393-562.

〈校訂〉宮坂宥勝編『空海全集第三巻』（筑摩書房、1984年）pp.3-136.

やさしい密教——「川崎大師だより」より

2025年4月2日　第1刷印刷
2025年4月8日　第1刷発行

著者——吉田宏哲

発行者——福田隆雄
発行所——株式会社作品社
〒102-0072 東京都千代田区飯田橋 2-7-4
tel 03-3262-9753　fax 03-3262-9757
振替口座 00160-3-27183
https://www.sakuhinsha.com
本文組版——有限会社閏月社
装丁——加藤愛子
印刷・製本——シナノ印刷（株）

ISBN978-4-86793-067-0 C0015

◆作品社の古典新訳◆

純粋理性批判

I・カント　熊野純彦 訳

理性の働きとその限界を明確にし、近代哲学の源泉となったカントの主著。厳密な校訂とわかりやすさを両立する待望の新訳。

実践理性批判

付：倫理の形而上学の基礎づけ

I・カント　熊野純彦 訳

倫理・道徳の哲学的基盤。自由な意志と道徳性を規範的に結合し、道徳法則の存在根拠を人間理性に基礎づけた近代道徳哲学の原典。

判断力批判

I・カント　熊野純彦 訳

美と崇高なもの、道徳的実践を人間理性に基礎づける西欧近代哲学の最高傑作。カント批判哲学を概説する「第一序論」も収録。三批判書個人完訳。

存在と時間

M・ハイデガー　高田珠樹 訳

存在の意味を問い直し、固有の可能性としての死に先駆ける事で、良心と歴史に添った本来的な生を提示する西洋哲学の金字塔。傾倒40年、熟成の訳業！［附］用語・訳語解説／詳細事項索引

現象学の根本問題

M・ハイデガー　木田元 監訳・解説

未完の主著『存在と時間』の欠落を補う最重要の講義録。アリストテレス、カント、ヘーゲルと主要存在論を検証しつつ時間性に基づく現存在の根源的存在構造を解き明かす。

現象学の理念

E・フッサール　長谷川宏 訳

デカルト的懐疑考察より出発し、現象学的還元を通して絶対的明証性としての現象学的認識に至るフッサール「現象学」の根本。

田川建三訳著

新約聖書　訳と註

全7巻［全8冊］

【第一巻】マルコ福音書／マタイ福音書

【第二巻】上 ルカ福音書

下 使徒行伝

【第三巻】パウロ書簡　その一

【第四巻】パウロ書簡　その二／擬似パウロ書簡

【第五巻】ヨハネ福音書

【第六巻】公同書簡／ヘブライ書

【第七巻】ヨハネの黙示録